Stb

Anne Dalhaus, Jahrgang 1964, ist Mutter einer 15-jährigen Tochter und lebt mit Familie und Freunden auf einem alten Hof im Münsterland. Sie arbeitet mit kinesiologischen Methoden und kombiniert diese mit ihrer systemischen Arbeit als Familiencoach. Sie begleitet Kinder, Jugendliche und Erwachsene sowohl im Familienverbund als auch einzeln und leitet Kinder- und Erwachsenengruppen. Ihr Anliegen ist es, das innere Gleichgewicht und die Harmonie, aus der heraus ein gutes Leben gelingen kann, von jedem Menschen für sich selbst zurückerobern zu lassen.

Je mehr wir versuchen, etwas zu vermeiden oder gar zu verleugnen, desto mehr wird unsere eigene Lebenskraft blockiert. Schon das einfache Annehmen, das Aussprechen des Wortes »Ja!« bezogen auf die jeweilige Situation, kann erleichtern und uns in das Bewusstsein zurückführen, letztlich die freie Wahl zu haben. Wenn wir das, was ist, bejahen können, bringen wir das, was uns blockiert, in Bewegung und können es leichter lösen. Die Autorin vermittelt tief greifende praktische Anwendungsmöglichkeiten, die im Alltag leicht durchgeführt werden können. Durch Fallbeispiele aus ihrer Praxis sowie persönliche Erfahrungen gelingt es ihr, dem Leser/der Leserin anschaulich zu zeigen, wie er/sie leichter Entscheidungen treffen kann.

Anne Dalhaus

Annehmen, was ist

Über die Wirkung des Wortes »Ja«

Stb

Originalausgabe

ISBN 978-3-89767-665-7

2. Auflage 2010

Umschlaggestaltung: Silja Korsmeier, Schirner,
unter Verwendung der Bilder Nr. 14610818 von mashe und
Nr. 11284258 von Dragut Vasile Adrian
www.fotolia.de
Redaktion & Satz: Beate Christmann, Schirner
Printed by: FINIDR, Czech Republic

www.schirner.com

Inhalt

Für Ayla

Wochen intensiven Erlebens und Schreibens verbrachte ich auf dem Schlüßhof, den Lychensee immer vor Augen. Mein Blick verlor sich immer wieder auf dem Wasser des Sees. Manchmal war ich in Gedanken versunken, manchmal beobachtete ich, wie sich das Wellenspiel durch eine Windböe veränderte oder einfach, wie sich die strahlende Sonne im Wasser widerspiegelte. Das Wiegen der Schildgräser im Lufthauch, die Geräusche des Windes in den Bäumen vor dem glitzernden Wasser – mir schien, als ob ich mich hier unendlich diesem Blick hingeben könnte. Was für eine Wohltat! Meine Augen und damit auch mein Geist fanden Halt in den endlosen Wellen – meine Finger tippten, meine Augen glitten über das Wasser, und mein Geist wurde zu einem Geist, einem Bewusstsein.

Teil 1: Die befreiende Kraft der Akzeptanz

I. Einleitung

1. Einstimmung: Worum geht es?

Was in diesem Buch zur Sprache kommt, ist nichts Neues. Es ist altes Wissen, das in jedem von uns angelegt ist. Es betrifft die Schöpfung, das Leben und vor allem uns selbst. Viele wunderbare Menschen haben dieses Wissen bereits auf die eine oder andere Weise zum Ausdruck gebracht.

Dieses Buch birgt meine Version der Dinge, ist meine Geschichte, beschreibt meine Wahrnehmung und all das, was ich durch die Anbindung an das Göttliche, die jeder von uns hat, erfahren durfte. Nicht mehr und nicht weniger! Es ist gedacht als Mutmacher, Inspiration und Impulsgeber.

In meinen Seminaren, Kursen und Einzelcoachings kommt es durch die sehr persönliche Zusammenarbeit zu einer vertrauten Umgangsweise. Deshalb möchte ich auch dich, lieber Leser, liebe Leserin, ab sofort mit dem persönlichen »Du« ansprechen. Wenn dir dies oder etwas, was ich empfehle, widerstrebt, lies bitte darüber hinweg. All dies spiegelt einfach meine Art, mit dem Leben umzugehen, wider. Und da ich sehr gute und erhebende Erfahrungen damit gemacht habe, möchte ich sie hier erzählen. Jeder von uns hat das Recht, seinen Weg auf seine Weise zu gehen. Wie auch immer das aussehen mag: Sei frei, das zu tun, was dir entspricht und dir guttut!

Ich liebe es, Menschen zu studieren, sie zu »lernen«. So kann ich auch viel über mich selbst erfahren. Ich liebe Menschen und werde es wohl immer als bereichernd empfinden, sie so zu sehen und anzunehmen, wie sie wirklich sind. Denn schlussendlich, im Grunde unseres Menschseins, sind wir alle gleich. Und eins.

Wir alle haben ein riesiges Potenzial an Gefühlen, wir alle können wählen, wie wir mit dem Leben umgehen. Jeder von uns hat besondere Fähigkeiten und Begabungen mit auf den Weg bekommen. Und wir haben, was die Grundlagen des Lebens angeht, alle mit ähnlichen Herausforderungen zu tun. Der Unterschied besteht darin, dass wir in verschiedene Systeme, Länder und materielle Umfelder hineingeboren wurden. Und die so entstandenen Unterschiede setzen sich fort. Doch abgesehen davon haben wir Menschen auf diesem wunderbaren Planeten Erde viele Gemeinsamkeiten, ähnliche Sorgen, Bürden, Schicksale … Die Art und Weise, wie wir mit unserem Leben und den äußeren Umständen umgehen, ist dabei die Basis für unser Lebensglück.

Viele Leser werden an dieser Stelle sicher Einwände

haben: »Das ist nicht so, es sind das Geld und die Gesellschaft, die über uns bestimmen. Wir sind nur noch in wenigen Belangen frei, zu entscheiden, was wir tun. Abhängigkeiten finanzieller oder zwischenmenschlicher Art bestimmen uns, und darum können wir nicht mehr frei wählen, wie wir mit den Dingen umgehen, die eben so sind, wie sie sind.«

Dem will ich widersprechen! Selbst wenn wir die Umstände, die Sachzwänge oder Regeln verantwortlich machen wollen, so sind wir es doch, die die bestehenden Regeln bekräftigen, indem wir sie einhalten, obwohl wir sie im Grunde ablehnen. Darüber hinaus legen wir selbst auch Regeln fest und erwarten, dass sie befolgt werden – auch von anderen. Wir sollten uns bewusst werden, wo wir Regeln, die uns nicht behagen, annehmen und ihnen folgen. Wir hangeln uns in unserem Leben an Richtlinien entlang und regen uns auf, wenn jemand anders sie nicht befolgt. Machen wir uns als Erstes klar, dass wir manches im Leben annehmen, doch damit unbewusst in Konflikt geraten, weil wir diese Regel oder Norm eigentlich nicht akzeptieren.

Selbstverständlich gibt es übergeordnete Regeln, die zu beachten sind. Eine Art höhere Ordnung oder Harmonie, die zum Beispiel verlangt, dass das, was wir in unserem Leben entscheiden und bestimmen, auf jeden Fall zum Guten so vieler Menschen wie möglich, wenn nicht für alle sein sollte. Etwas, was für uns gut ist, für andere jedoch schlecht, wird uns kein dauerhaftes Glück bescheren. Etwas, was für uns, aber auch für andere gut ist, entspricht der Lebensordnung und der Harmonie, die allem zugrunde liegt. Nur so kann Leben gedeihen und wachsen, zum Wohl aller Beteiligter.

Ein Gewissen ist uns Menschen allen zu eigen; es ist unabhängig von den Werten und Gesetzen der verschiedenen Kulturen. Dieses Gewissen wird es uns, wenn wir in gutem Kontakt zu unserem Inneren stehen, fühlen lassen, wenn wir gegen die genannte Ordnung oder Harmonie verstoßen.

Ich lade dich hier, gleich zu Anfang des Buches, dazu ein, anzunehmen, dass du ein selbstbestimmtes Leben führen kannst. Wenn du noch einen Schritt weiter gehen magst, dann kannst du Ja! zu den selbst aufgestellten Regeln und Ja! dazu sagen, dass du sie überprüfen möchtest. Werde dir deiner Verantwortung bewusst! Wenn du also spürst, dass du ein selbstbestimmtes, vor allem aber hingebungsvolles Leben möchtest, dann stelle dir vor, wie ich zustimmend nicke und bestätige: Ja!, jeder von uns kann das schaffen! Denn jeder von uns ist Teil unserer Gesellschaft. Wir sind die Gesellschaft! Also können wir mitbestimmen, was ist, jeder einzeln für sich und wir alle zusammen.

In diesem Buch geht es darum, anzunehmen, was ist, oder mit anderen Worten: Ja! zu sagen. Es geht dabei nicht um eine prinzipielle Ablehnung des Nein! Es gibt das Nein als entschlossene Abgrenzung, ein Nein, bei dem es darum geht, bei sich zu bleiben und für sich Stellung zu beziehen. Es gibt viel Literatur darüber, wie und wo ein gutes Nein! am Platz ist. Doch hier soll es um das Ja! gehen.

Kommen wir noch einmal zu uns selbst, zu dir als Einzelperson, die du dein Leben glücklicher gestalten möchtest: Herzlich willkommen und herzlichen Glückwunsch! Das Lesen dieses Buches wird dir sicher eine bejahende Lebenshaltung aufzeigen! Wie du damit umgehen möchtest, ist selbstverständlich dir überlassen. Ich lade dich ein, die Ideen und Vorschläge in diesem Buch auszuprobieren und dir und deinem Umfeld ein freudvolles Dasein zu schaffen.

2. Glück im Hier und Jetzt

»Sie haben Glück«, sagte die Frau an der Supermarktkasse. »Ja«, erwiderte Maria strahlend und dachte und fühlte: »Ja, ich habe Glück!«

Maria hatte wie immer keinen Einkaufswagen mitgenommen, weil sie nur so viel kaufen wollte, wie sie tragen kann. Maria kann viel tragen.

Dabei hatte sie wohl irgendwo, während sie dem Stapeln ihrer Einkäufe nachging, ihren Schlüsselbund liegengelassen. Das fiel ihr erst auf, als sie an ihrem Auto ankam. Also stellte sie den Stapel mit Einkäufen hinter ihrem Wagen auf den Boden und ging in der sicheren Gewissheit, dass der Schlüssel irgendwo zu finden sei, zurück. Prompt winkte ihr die Kassiererin zu: mit dem Schlüssel in der Hand!

- Darfst du glücklich sein?
- Erlaubst du, dass es dir gutgeht?
- Oder bist du schön bescheiden und bejubelst nie dein Lebensglück – es könnte ja jemand neidisch werden?

In unseren Gefilden sind viele Menschen dazu erzogen worden, sich klein zu machen, sich zu beugen, bescheiden zu sein, erst an die anderen zu denken und dann an sich selbst, mit dem zufrieden zu sein, was da ist, und schön stillzuhalten. Vordergründig betrachtet, soll das bescheidene Benehmen dem Gemeinschaftswohl dienen. Doch dabei ist das Vertrauen in uns selbst und in das Leben stückweise kleiner geworden. Denkweisen sind wie Samen aufgegangen, zu Überzeugungen und Glaubenssystemen ausgereift und als Verhaltensmuster erblüht. Dementsprechend gehen manche von uns geduckt durch das Leben oder an selbigem vorbei – immer auf der Hut, immer mit der Vorstellung, dass das Glück erst dann eintritt, wenn dieses oder jenes Ziel erreicht ist.

»Wenn …, dann …«, lautet ihre Devise.

- »Wenn ich erst groß bin, dann …«
- »Wenn ich das Abitur habe, dann …«
- »Wenn ich erst verheiratet bin, dann …«
- »Wenn ich erst schlank bin, dann …«

Und so weiter und so fort. Du wirst diese Liste wahrscheinlich mit deinen persönlichen »Wenn …, dann …«s beliebig fortsetzen können. Die Frage ist: Was ist dann?

Durch das Warten auf den »richtigen« Zeitpunkt verlassen wir den gegenwärtigen Augenblick, den Moment, in dem alles stattfinden kann, und verpassen damit eine Chance. Im Englischen heißt die »Gegenwart« *present,* dies ist auch gleichzeitig das Wort für »Geschenk«. Die Gegenwart ist ein Geschenk. Ein großes Geschenk, denn in ihr ist alles möglich.

Bleiben wir bei der Formel »Wenn …, dann …«, passiert Folgendes: Die Erwartungen an das Leben werden in die Zukunft verlagert und können dadurch nie erfüllt werden.

Sobald wir jedoch erkennen, dass es immer nur diesen einen Augenblick gibt, in dem wir das Glück erleben können, wenn wir begreifen, dass es nur diesen jetzigen Augenblick gibt, in dem sich das Leben präsentiert, wenn wir das tun und uns erlauben, den jetzigen Augenblick bewusst zu erleben, dann ist Glück erfahrbar. Denn Glück ist immer nur im Jetzt!

Nun fragst du dich, was das Glück und das Jetzt mit Ja! oder mit dem Vorgang des Annehmens zu tun haben? Alles! Denn sobald du Ja! zum Jetzt sagst, das heißt den gegenwärtigen Augenblick ganz annimmst, wirst du dich mit allem verbunden fühlen.

Doch wie gelingt es denn nun, ganz in der Gegenwart zu sein? Probier es einfach aus:

Übung 1: Kontaktaufnahme

Spüre bewusst das Buch in deinen Händen, das du gerade liest. Sei dir der Umgebung bewusst, in der du sitzt, liegst oder dich räkelst. Nimm wahr, wer noch im Raum ist, spüre deinen Körper: Hast du Durst oder Hunger? Ist dir warm?

Atme bewusst tief durch die Nase ein, beobachte den Luftstrom der Atemluft, soweit es dir möglich ist. Halte für einen Moment die Luft an, dann atme langsam durch den Mund wieder aus, beobachte auch hier die Atemluft. Wiederhole das bewusste Atmen einige Male.

Wenn du auf deinen Atem achtest, kannst du nur im Jetzt sein. Jetzt in diesem einzigen aktuellen Moment, da du dich spüren kannst, könntest du glücklich sein. Bist du glücklich? Auf jeden Fall bist du jetzt mit dir verbunden, mit dir in Kontakt.

Diese Verbundenheit wird dich spüren lassen, dass du geborgen bist und im tiefsten Grunde aufgehoben in Gottes Händen. Solltest du nicht an Gott glauben, wähle bitte eine Formulierung, die dir besser gefällt, zum Bespiel »geborgen und aufgehoben im großen Mysterium«, »geborgen und aufgehoben im Leben an sich« oder was immer dir Wohlgefühle bereitet.

3. Kannst du Ja! zum Leben sagen? – Über die Kraft eines kleinen Wörtchens

- Sagst du Ja! zum Leben?
- Sagst du Ja! zu dir selbst?
- Bist du Ja!-Sager oder Nein!-Sager?
- Kannst du annehmen, was ist?
- Oder hast du konkrete Vorstellungen davon, wie das Leben zu dir sein sollte?
- Lehnst du alles Andersartige, Fremdartige ab?
- Wie gehst du mit Kontroversem um, und was tust du, wenn es nicht so läuft, wie du willst?
- Ärgerst du dich dann und grollst, oder öffnest du die Augen und fragst: »Was soll mir das nun sagen, was da passiert ist?«

Das Ja! in diesem Buch will dazu ermutigen, das Leben und die inneren und äußeren Umstände anzunehmen. Es handelt vom Annehmen. Vom Ja! – von dem Ja! zu allem, was ist. Dieses Ja! ist ein Ja! ohne Bewertung.

Es könnte sein, dass du nun fragst: »Soll ich Ja! sagen zum Krieg, soll ich Ja! sagen zu Katastrophen, soll ich Ja! sagen zu Armut und Hungersnot? Ja! Egal, in welcher politischen Lage, in welcher finanziellen Situation, ob mit oder ohne Luxus, krank oder gesund; die Situation anzunehmen hilft sowohl bei Kleinkriegen als auch bei schmerzhaften Scheidungen oder der Frage, woher ich das Essen für die nächste Mahlzeit bekomme. Jede Lebenssituation wird durch das Annehmen dessen, was ist, leichter zu verkraften sein.

»Zeig mir ein Ja!, zeig mir ein Nein!« So oder so ähnlich beginnt die Kommunikation eines Kinesiologen mit dem Körper seines Klienten, wenn er seinen Muskeltest anwendet. Dieser Test ermöglicht es, mit dem ganzen menschlichen System (Körper, Geist, Seele) ins »Gespräch« zu kommen.

Kinesiologie bedeutet »Lehre von der Bewegung« und ist ein Überbegriff für zahlreiche Methoden, die sich das Wissen um den Zusammenhang von Psyche und Stoffwechsel zunutze machen, um Menschen auf allen Ebenen ins Gleichgewicht zu führen. Der kinesiologische Muskeltest ist eine Biofeedbackmethode, die ich in Einzelcoachings anwende. Durch sie kann ich, wenn die richtigen Voraussetzungen gegeben sind, Antworten erhalten, die mit Ja! oder Nein! übersetzbar sind.

In den allermeisten Fällen wird ein Ja! vom Körper durch Halten des Muskels angezeigt, ein Nein! durch das Lösen des Muskels. Im zweiten Fall lässt sich ein Körperteil, zum Beispiel der Arm, leichter bewegen. Auf diese Weise können wir im weiteren Verlauf einer kinesiologischen Sitzung ermitteln, was für den Körper wahr ist und was nicht. Im Körper sind alle Informationen, die uns betreffen, gespeichert. So wird die wichtigste Autorität, die wir anerkennen sollten, befragt: unser Selbst!

Darüber hinaus können wir ermitteln, was dem Körper guttut und was nicht, was ihn stärkt und was ihn schwächt. Ein Ja!, ein Halten des Muskels, beschreibt, was dem Körper guttut, ihm Kraft gibt und was für ihn wahr ist. Ein Nein! ein Lösen des Muskels, beschreibt, was dem Körper nicht guttut, was ihm Kraft nimmt und was für ihn nicht wahr ist.

Du kannst das übrigens auch ohne Muskeltest erfahren:

Übung 2: Ja! versus Nein!

Stelle dich einfach mit beiden Füßen fest auf den Boden, spüre für einen Moment deinen Körper, wie er sich gegenwärtig anfühlt, und wenn du alles wahrgenommen hast, sprich laut aus: »Ja!« Spüre, was dieses Ja! in deinem Körper auslöst.

Probiere das Gleiche mit einem »Nein!«. Was stellst du fest?

Normalerweise ist bei dieser Übung ein deutlicher Unterschied zu bemerken: Das Ja! löst etwas Stärkendes, manchmal Fröhliches aus, während das Nein! schwächt, und es wirkt manchmal sogar bedrückend kleinmachend.

Also löst du bereits bei dem Gedanken Ja! etwas in deinem System aus, nicht nur in deinem Körper, sondern auch in deinem mentalen und emotionalen Feld.

Das Gleiche gilt auch für ein Nein!, auch das wirkt sich auf dein System aus. Ein Nein! zu dir, zum Leben, zu der Situation in der du dich befindest, ruft Schwächung auf den Plan, die in Ablehnung und Vermeidung mündet. Hierbei wird deine eigene Lebensenergie gebunden und der Kampf gegen das, was ist, beginnt. Dieser Kampf wird so lange dauern, wie du willst. Solange du dich entscheidest, Nein! zu sagen und zu kämpfen, lässt deine Energie immer mehr nach, vielleicht wirst du sogar krank.

Im passenden Moment in angemessener Form mit einem entschlossenen Nein! zu reagieren oder zu antworten, widerspricht dem nicht. Ab sofort soll es aber um das lebensfrohe und konstruktive Ja!, gehen, das zu deinem Wohl ist! Es gibt so viele Lebensumstände, die mit einem Ja! gemeistert werden können, denn das Ja! bindet uns automatisch an die übergeordneten Kräfte.

Das gelingt mit dem Ja!:

- Hingabe an das, was ist.
- Annahme dessen, was ist.

Das Ja! für dich und dein Leben, für die Situation, in der du dich befindest, wird dich stärken. Es ist die Hingabe an den gegenwärtigen Augenblick, der alles umfasst, was du brauchst, um glücklich zu sein. Im Fluss des Lebens zu sein bedeutet, sich den Wandlungsphasen des Lebens hinzugeben, sich dem Wechselspiel von Tun und Ruhen, Geben und Empfangen, Lieben und Geliebtwerden anzuvertrauen.

Weiterhin verbinden wir uns im Fluss des Lebens mit dem universellen Bewusstsein und dessen Kräften. Einmal verbunden mit diesen Kräften, mit der Quelle, die alles nährt, wissen wir instinktiv, wie sehr die Annahme, das Ja! auf uns wirkt, uns trägt und sicher im Leben begleitet.

- Ja! – zu allem!
- Ja! – ohne Wenn und Aber!
- Ja! – einfach so!
- Ja! – Annahme dessen, was ist!
- Ja! – und sich dadurch lösen von unnötiger Disziplin, von unnötigen Plänen, von unnötigen Erfolgen!
- Ja! – zum Sein!
- Ja! – zum Jetzt!
- Ja! – zu sich selbst!

Übung 3: Ja! sagen

Übe dich darin, zu dir und deinen Gedanken, Gefühlen und auch zu deinen Mitmenschen Ja! zu sagen. Mach es dir zur Gewohnheit, auch die Haltung deiner Mitmenschen zu bejahen. Du wirst erstaunt sein, wie das Ja! auf den anderen und auch auf dich wirkt. Ein Ja! ermöglicht es uns, uns zu öffnen, wenn wir zuvor verschlossen waren.

Beginne den Tag mit einem lauten, den Morgen begrüßenden Ja! Setze das Annehmen all dessen, was ist, fort, indem du in den Spiegel blickst und – egal wie du dir selbst entgegenschaust – Ja! zu dir sagst. Und: »Guten Morgen, du siehst gut aus!«

Setze den Tag so fort, und wenn du auf dem Weg zur Arbeit bist und dich in negativen Gedanken verlieren könntest, dann gib dir selbst eine Portion Ja! ein, durch Sprechen oder Singen oder was dir sonst einfällt. Ganz wie du magst!

---

4. Bist du bereit für Veränderung?

Am Anfang ist die Bereitschaft. Bereitschaft für Veränderung. Bereitschaft für Erneuerung. Oder die Bereitschaft, den Schmerz zu beenden.

Fakt ist: Ohne Bereitschaft geht gar nichts! Daher ist auch die Eingangsfrage in meiner Praxis: »Bist du bereit? Bereit, von dieser Sitzung zu profitieren, die Lösung zu akzeptieren und sie in den Alltag zu integrieren?«

In allen Einzelcoachings und Sitzungen stelle ich gleich zu Anfang diese Frage. (Dies tun viele Menschen, die mit kinesiologischen Methoden arbeiten.) Ich mache das, weil ich festgestellt habe, dass allein deshalb, weil ein Klient zu mir kommt, noch nicht die Bereitschaft für eine Veränderung da sein muss. Manche Menschen wollen zunächst einfach nur, dass der Coach »etwas wegmacht«. Am Anfang steht also die bewusste Entscheidung: »Ja, ich will!« Oder: »Nein, ich will nicht!«

In all den Jahren, in denen ich nun praktiziere, haben sich die meisten Ratsuchenden dafür entschieden, sich von mir begleiten zu lassen. Sie haben sich dafür entschieden, nachdem ich meine Arbeitsweise kurz vorgestellt hatte, mich als »begleitendes Werkzeug« zu nutzen. Durch diese Formulierung bleibt klar, dass die Autorität und auch die Verantwortung beim Klienten liegen. Dabei bin ich verantwortlich für das, was ich tue, und für den Verlauf der Sitzung. Das Ergebnis hängt ab von der Bereitschaft des Klienten.

Früher kamen Eltern und brachten mir ihre Kinder in der Erwartung, dass ich ihre Zöglinge wieder in die sogenannte »Spur« bringe. Sehr bald habe ich mir angewöhnt, ihnen mitzuteilen, dass das nicht meine Aufgabe und auch nicht Sinn meiner Arbeit sei. Mit dieser beabsichtige ich vielmehr, Menschen, die bereit sind, sich selbst zu finden und sich selbst anzunehmen, auf ihrem Weg zu begleiten und mithilfe meiner Kenntnisse den Stress zu lösen, der sie davon abhält, sie selbst zu sein. Auch Kinder entscheiden selbst, ob sie sich von mir dabei helfen lassen wollen, ihr Leben einfacher zu gestalten. Kinder sind sehr pragmatisch und direkt. Sie bekennen ihre Bereitschaft, erinnern sich daran, dass sie die Wahl haben, wie sie mit den Lebensumständen umgehen, erlauben eine sanfte und liebevolle Arbeit und nehmen ihre Möglichkeiten an. Sie erkennen den Nutzen, den sie haben, wenn sie Stress lösen können. Sehr schnell, weil sie noch nicht so viele Mauern hochziehen und Masken aufsetzen konnten, lassen sie die einschränkenden Muster los und … gehen spielen!

Manche Erwachsene tun sich da weitaus schwerer. Die Überprüfung der eigenen Bereitschaft für Neuerungen im Leben kommt dann schon einer mittelschweren Krise gleich: »Ja, will ich das denn? Will ich es denn leichter haben? Was ist denn, wenn ich dieses Problem aufgebe? Ich weiß doch gar nicht, was danach kommt. Nein, nein, das Problem habe ich gut gepflegt, habe bis jetzt überlebt. Wer weiß, was passiert, wenn ich es jetzt löse.«

Manche Menschen sind es so sehr gewohnt, zu leiden, dass sie sich einfach nicht vorstellen können, dass das Leben ganz leicht sein kann. Es gibt zu wenige Referenzerfahrungen, die sie wissen lassen, wie es ist, neue Wege zu gehen und glücklich zu sein. Bereitschaft ist eine innere Haltung, die sicherlich durch äußere Einflüsse inspiriert und angeregt werden kann. Doch im Grunde ist sie eine Entscheidung, die wir im Inneren treffen.

Sag dir:

- Ich wähle!
- Ich bin bereit, mich zu erneuern!
- Ich bin bereit, mich ganz anzunehmen, mit allem, was mich ausmacht!

II. Wer bist du wirklich?

1. Frei werden von unbewussten Abhängigkeiten

Der erste Schritt, sich selbst wiederzufinden, mit sich selbst in Kontakt zu kommen, sich selbst und seine Muster kennenzulernen, kann das Aufdecken unbewusster Abhängigkeiten sein.

Wenn wir mit der Annahme unser selbst beginnen, ist daher die Selbstreflexion eine mögliche Methode. Wer so vorgehen mag, kann sich zum Beispiel folgende Fragen stellen:

- Warum mache ich das, was ich tue?
- Wozu mache ich das?
- Was motiviert mich dazu?

Die Antworten können dann weiter hinterfragt werden, müssen jedoch auf jeden Fall zunächst angenommen werden:

- Ja!, dieses und jenes tue ich, um von meinen Eltern gesehen zu werden.
- Ja!, ich gehe dieser Tätigkeit nach, weil ich von der Gesellschaft anerkannt werden will.
- Ja!, ich kleide mich so, damit ich attraktiv wirke.
- Ja!, ich lese gern, weil ich dadurch in andere Welten abtauchen kann.

Alle Antworten sind vollkommen in Ordnung! Alle Begründungen sind vollkommen in Ordnung! Ziel der Fragen ist es ausschließlich, sich bewusst zu machen, wo oder wann wir uns über etwas Äußeres definieren oder uns sogar in eine unbewusste Abhängigkeit begeben.

Es geht hier nur darum, sich seiner bewusst zu werden. Jegliche Bewertung der Motive ist überflüssig. Sie führt zu nichts und hindert uns nur daran, uns anzunehmen, wie wir sind! Alles darf sein. Es ist so. Jetzt im Moment.

Wir Menschen sind, jeder für sich, vollkommene Individuen. Und es gibt ebenso viele einzigartige Wege, sich auszudrücken, sich zu bewegen, zu sprechen, und Tätigkeiten, denen wir nachgehen. Kein Weg ist besser oder schlechter als der andere. Alles darf sein. Wenn wir also auf die Bewertung verzichten, machen wir uns frei dafür, uns so auszudrücken, wie es unserem Wesen entspricht. Schön ist, wenn wir uns unserer Muster bewusst werden. Wenn wir unseren Eigenarten gegenüber aufmerksam sind und in diesem Bewusstsein Ja! zu uns sagen können.

Dabei gelingt es uns auch, aufzudecken und zu erforschen, inwieweit wir uns über andere definieren, beispielsweise über die Beziehung, über den Partner, über die Kinder, über den Job, über den Sport. Wir alle haben Lebensbereiche, in denen wir uns wiederfinden und an denen wir uns orientieren, zum Beispiel: »Ich bin eine, die regelmäßig Sport treibt.« So gebe ich ein Bild ab, das in diesem Fall gesellschaftlich anerkannt ist – und darüber definiere ich mich gern.

»Ich bin einer, der regelmäßig alkoholische Getränke zu sich nimmt.« Diese Äußerung werden wir höchstens aus Spaß im Kreise von Freunden von uns geben, jedoch nicht, um uns in der Gesellschaft zu definieren. Denn in unserer Gesellschaft bezeichnen wir das regelmäßige Trinken von Alkohol als Alkoholismus und meinen damit eine Suchterkrankung. Süchte sind in unserer westlichen Welt aber verpönt, also definieren wir uns lieber nicht über sie.

- »Ich bin mit einer Drehbuchautorin verheiratet.«
- »Meine Kinder gehen alle auf das Gymnasium.«
- »Meine Eltern sind beide Rechtsanwälte.«
- »Meine Tochter hat den ersten Platz beim Turnier gemacht.«
- »Nehmen wir den 7er, den SLK oder den Oldtimer?«

Solche und ähnliche Aussagen und Fragen sind häufig nur als Information gedacht.

Wirklich? Was steckt dahinter, wenn wir so etwas erzählen? Stolz, Zugehörigkeitsgefühle? Schau mal, ich komm aus gutem Hause, bin gut verheiratet, habe viel geleistet, bin eine gute Mutter oder ein guter Vater. Besitz, Partnerschaft, Elternhaus, Arbeit, Leistung, gute Kinderstube … Schau mal, hör mal: Ich bin gut, siehst du das? Anerkannt und gesehen zu werden – das sind unsere brennendsten Wünsche, denn so fühlen wir uns als Teil des Systems, zugehörig und geliebt.

Hast du dir schon mal die Frage gestellt, was bleibt, wenn du alle Statussymbole wegdenkst? Wer bleibt? Was macht dich dann aus? Und vor allem: Was kann dann (endlich) sichtbar werden?

Wir sind es gewohnt, uns über die oben genannten Dinge zu definieren. Viele von uns orientieren sich daran, manche mehr, manche weniger, manche aus purer Gewohnheit. Sei dir dessen bewusst. Dann kannst du wählen, worüber du dich definieren willst und wie sehr.

Stell dir die Fragen:

- Definiere ich mich über meine Kinder, oder bin ich einfach Mutter für sie?
- Definiere ich mich über meine Arbeit, oder ist es einfach ein Job?
- Definiere ich mich als Arzt-Frau, oder bin ich einfach ich?

Die Betrachtungsweise verändert automatisch unsere Haltung: Definieren wir uns unbewusst über andere oder anderes, geraten wir in eine tief wirkende Abhängigkeit.

Abhängigkeit bedeutet, dass wir nicht frei sind. Sie bedeutet, dass wir unser Leben, unser Wohlbefinden und unsere Lebensqualität von anderen abhängig machen.

Auch das gilt es zunächst anzuerkennen, anzunehmen. Abhängigkeiten sind grundsätzlich nichts Schlechtes, sie wirken sich einfach auf die Entscheidungs- bzw. Wahlfreiheit aus. Wer also gern frei wählen können möchte, kann seine Abhängigkeiten überprüfen und betrachten. Über wen oder was definierst du dein Leben?

2. Auf der Reise zu dir selbst

Abgesehen von deinem Namen, deinem Beruf und dem, wie du lebst – wer bist du? Auf jeden Fall bist du bereit, diese Frage in deinem Kopf, vielleicht sogar in deinem Herzen zu bewegen, sonst hättest du jetzt nicht dieses Buch in deinen Händen und würdest nicht diese Zeilen lesen. Wenn du schon so weit gekommen bist, mach doch einfach noch einen weiteren Schritt, und frage dich ganz aufrichtig: Wer bin ich?

Um das herauszufinden, solltest du all deine Lebensumstände außer Acht lassen. Es sind häufig diese äußeren Dinge, über die wir uns definieren, wobei wir leider aus den Augen verlieren, wer wir sind. Vielleicht haben wir aber tatsächlich noch nie wirklich einen Blick darauf erhascht, wer wir sind, weil wir es gewohnt sind, uns

»einzurahmen« mit Eltern, Frau, Mann, Kindern, Haus, Auto, Jacht, Job oder Sport. Es ist üblich, dass wir uns über solche Dinge definieren, mit ihnen beschreiben wir unser Leben, und für viele Zeitgenossen sind ja genau diese Dinge auch wichtig.

Wer sich mit sich selbst auseinandersetzt, mit seinen Emotionen, Blockaden oder Geschichten seiner Kindheit, ist schon ein bisschen suspekt, oder? Wer will das schon wissen, lasst uns lieber über die anderen reden, das ist unverfänglicher, oder? Was passiert, wenn wir solche Themen im Freundeskreis ansprechen? Halten die Freunde die Fragen aus, oder wird schnell der Fokus auf die Wirtschaftskrise und die neue Frisur gebracht?

Gelingt es, ein Gespräch darüber zu führen, wer wir sind, was uns ausmacht, was dich ausmacht? Wer bin ich? Wer bist du? Können wir herausfinden, was unsere Grundstimmung ist? Was schlummert in dir? Ist es Lust am Leben? Ist Mitgefühl dein Motor? Oder deine unumstößliche Heiterkeit? Lebst du in Hoffnung und Zuversicht? Bist du voller Dankbarkeit oder melancholisch?

Wenn sich erst einmal jemand traut und nachfragt, wenn wir uns erst einmal darauf einlassen, dann erleben wir eine ganz andere Innigkeit und Offenheit mit unseren Freunden und sehen Menschen vor uns, die wir vielleicht zuvor so noch nicht gekannt haben.

Und am Ende des Abends oder des Treffens haben wir das Gefühl, uns wirklich nahegekommen zu sein, uns offenbart und etwas Kostbares miteinander geteilt zu haben. Das ist so, weil wir uns selbst gezeigt haben, uns anvertraut haben, und dieses Öffnen hat uns einander nähergebracht und uns gewärmt.

Das kann geschehen, wenn wir uns aufmachen, uns wirklich selbst zu erfahren und herauszufinden, wer wir sind. Möglicherweise wird das, was du dabei entdeckst, dir den Atem verschlagen. Auf dieser Entdeckungsreise wirst du dich kennenlernen und eines schönen Moments wird dir bewusst, was für ein vielschichtiges, multidimensionales und wunderbares Wesen du bist!

Es wird dir auffallen, dass du durch den Alltag und Gewohnheiten dabei warst, dich auf das oberflächlich betrachtet Naheliegendste zu reduzieren, zum Beispiel auf deine Arbeit und deine Familie. Doch jetzt, da du dir selbst auf die Spur gekommen bist, wirst du dir immer wieder Gelegenheiten schaffen können, in denen du dich mit deinen Wesensarten befasst. So kannst du dich bei dir selbst auftanken, dich mit deiner ureigenen Energie aufladen, dich erinnern, wer du wirklich bist, wie großartig du bist.

Also, mach dich auf den Weg, dich selbst kennenzulernen:

- dich, ohne deine anerzogenen Muster,
- dich, ohne deine Ängste,
- dich, ohne deine Statussymbole,
- dich, ohne deinen Partner,
- dich, ohne deine Kinder,
- dich, ohne deinen Job,
- dich, mit dir.

Übung 4: Reise ins Ich

Wenn es dir schwerfällt, das in deinem Alltag zu tun, kann ich dir folgendes Vorgehen empfehlen. Ich habe es selbst ausprobiert.

Ziehe dir witterungsgemäße Kleidung an, packe deinen Rucksack, in dem du alles verstaust für die Zeit, die du dir jetzt zur Erkundung deiner selbst nehmen wirst – und dann mache dich auf, bepackt nur mit dem, was du wirklich brauchst (du wirst es bei dir tragen müssen). Mache dich auf den Weg zu dir selbst! Auf dem Weg zu dir selbst gehst du allein. Du nimmst niemanden mit. Es kann sein, dass du auf deinem Weg Begleiter triffst. Lasse sie dich bereichern, und bereichere du sie. Du fragst dich, wie? Keine Sorge: Das wird automatisch geschehen.

Durch die körperliche Bewegung kann die geistige Ebene, dein Selbst zur Ruhe kommen. Über einen längeren Zeitraum zu wandern, wird dich auf den Grund deines Seins tauchen lassen. Und wenn du in dir schließlich Stille findest, ist das sehr bedeutungsvoll. Du wirst in Kontakt mit deinem Wesen kommen.

Stille Freude und gute Reise!

3. Finde dich in dir!

Wir sind es gewohnt, die Lösung für ein Problem im Außen zu suchen. Rat suchen wir bei anderen. Doch die Lösung liegt immer im Innen. Wir haben immer alles, was wir benötigen, bei uns, in uns.

Voraussetzung dafür, an unsere inneren Schätze zu gelangen, ist die zuvor beschriebene Bereitschaft, uns selbst anzuschauen, in uns zu schauen, zu lauschen und bei allem, was da zu sehen und zu hören ist, einfach Ja! zu sagen, es anzunehmen.

Eine Klientin kam eines Tages zu mir, weil sie so, wie sie gerade lebte, nicht weitermachen wollte und konnte. Mit Anfang 50 war sie gesund und fühlte sich dennoch unruhig. Äußerlich betrachtet lief ihr Leben in geregelten Bahnen, doch innerlich war sie gereizt, was ihr Umfeld deutlich zu spüren bekam. Das wollte sie nicht mehr. Doch was sie wollte und was wirklich der Grund dafür war, dass sie so unruhig war, konnte sie nicht sagen. Meine Fragen an sie kreisten ein, in welchem Lebensbereich das geschilderte Gefühl sich besonders bemerkbar machte. Langsam begann sie zu erzählen – immer wieder stockte sie, weil sie glaubte, die Antworten nicht finden zu können. Also veränderte ich die Frage und wollte wissen:

»Was macht dir Freude?« Die ersten Sekunden murmelte sie nur vor sich hin und antwortete dann: »Das weiß ich nicht wirklich.« Schulterzucken. Ich variierte die Frage: »Was lässt dein Herz hüpfen? Kennst du das Gefühl?« Sie antwortete mit einem deutlichen »Ja!« und auf einmal sprudelte es aus ihr heraus. Sie hatte früher immer gern gemalt und verschiedene Workshops und Kurse besucht, ja sogar ganze Ausstellungen mitgestaltet. Auf einmal überkam sie Trauer. Trauer darüber, dass sie sich damals so wenig zugetraut und sich selbst davon abgehalten hatte, die Dinge zu tun, die ihr wirklich Freude bereiteten.

Wir Menschen werden alle durch unser Umfeld geprägt. Die Phase der stärksten Prägung liegt in der frühen Kindheit und ist dadurch eng mit unserem Elternhaus verbunden. Wir lernen durch die Sätze unserer Eltern oder Großeltern, was scheinbar möglich ist und was nicht. Das »Lass mal« kann dabei eigentlich der Mutter oder dem

Vater gehören, die sich selbst nicht ausdrücken konnten. Wir übernehmen dieses Denken unbewusst (keiner beabsichtigt das). Doch dieses unbewusste »Erben« von einschränkenden Verhaltensweisen kann aufgedeckt werden, und wir können eine neue Wahl treffen.

> Meine Klientin fand heraus, dass die Ursache ihres Unwohlseins ihr inneres »Lass mal!« war. Sie wechselte es in ein aufmunterndes »Ich tu's!« und eroberte sich so ihre Selbstwertschätzung zurück.

Zu Erkenntnissen dieser Art gelangen wir generell durch Innenschau. Für wen das neu ist, der wird möglicherweise eine aufregende Entdeckungsreise beginnen. Es kann ein Abenteuer sein, wenn sich Anteile in uns offenbaren, von denen wir gar nicht wussten, dass es sie gibt. Seiten, Facetten und Aspekte von uns, die uns aufgrund unserer Herkunft und Prägung vielleicht zunächst gar nicht willkommen sind. Wenn es uns gelingt, ganz wertfrei Ja! zu diesen inneren Anteilen zu sagen, werden wir eine Überraschung erleben. Wir tauchen nämlich ein in eine Dimension[1], die uns zuvor nicht bekannt war. Wir begeben uns in eine Welt, in der dy-

---

[1] Dimensionen beschreiben in der Physik vereinfacht gesagt Maßeinheiten, wie Länge, Breite, Tiefe und darüber hinaus auch Gewicht, Temperatur etc. Im Zusammenhang mit dem menschlichen Leben spreche ich von der körperlichen, geistigen, seelischen, emotionalen oder auch mentalen Dimension.

namisches Leben, Werden und Sein stattfinden. Wir erfahren die Quelle in unserem ureigenen inneren Kern.

Wenn wir das Bewerten lassen können, erkennen wir in uns eine Welt voller Facetten: Da gibt es den inneren Lehrer, den inneren Weisen, den inneren Säugling und auch das innere Kleinkind. Mit all diesen Aspekten unserer Persönlichkeit werden wir uns im weiteren Verlauf des Buches noch befassen.

Was in dieser Innenschau zutage tritt, sind verleugnete, vermiedene und nicht erlaubte Gefühle, wie zum Beispiel. »Interesse für sich selbst zu haben« oder »sich selbst zu akzeptieren – in aller Liebe«. Das Potenzial, uns selbst vollständig anzunehmen als das, was wir sind, ist in jedem von uns angelegt. Durch unsere Erziehung und die Prägungen durch die Außenwelt verurteilen wir jedoch Selbstliebe als Egoismus. So wird sie von uns und unseren Mitmenschen kontinuierlich verleugnet und in die ewigen Jagdgründe des Unterbewusstseins katapultiert. Nun, Gott sei Dank ist es unser eigenes Unterbewusstsein, sodass wir jetzt, da wir uns diesen Kenntnissen annähern, auch endlich darum kümmern können.

4. Übernimm Verantwortung für dich!

Eine solche Innenschau erfordert Eigenverantwortung. Wir sind verantwortlich für unser Leben. Hier liegt wohl eine große Schwierigkeit, denn wir sind so konditioniert, dass wir die Schuld immer beim anderen suchen. Das ist praktisch und einfach, denn wenn der andere sowieso die Schuld hat, brauchen wir uns nicht mehr mit den eigenen »Leichen im Keller« zu befassen. Damit will ich jedoch nicht sagen, dass es erforderlich wäre, alle Schuldgefühle, Traumata oder schmerzliche Themen anzuschauen, zu identifizieren, zu kategorisieren und zu bearbeiten. Wir haben genug an uns gearbeitet! Es wird Zeit, dass wir leben, genießen und endlich das tun, was wir aus vollem Herzen mit aller Liebe tun wollen, und der oder die zu sein, die wir wirklich sind!

Also, was immer es ist, was du in deiner Innenschau entdeckst: Nimm es in Liebe an! Nimm dich in Liebe an! Öffne dein Herz für diesen Teil von dir, nimm ihn an! Nimm dich mit all dem, was dich ausmacht, in dein Herz! Liebe dich!

Es ist nicht gut, es ist nicht schlecht. Es ist einfach. Sag dir:

- »Ich liebe mich, auch mit meiner Eifersucht.«
- »Auch wenn ich morgens nicht aufstehen mag, nehme ich mich ganz in mein Herz.«
- »Ich liebe und akzeptiere mich voll und ganz.«

So gelingt der erste Schritt aus dem Verurteilen und Bewerten des Außen hin zum eigenverantwortlichen

Umgang mit uns selbst. Wir können das, was uns im Außen aufbringt, als Spiegel in die Hand nehmen und mit diesem Blick auf uns selbst lenken.

»Der oder die hat uns unfreundlich behandelt, der hat mich nicht gesehen, der hat meine Grenzen nicht eingehalten, der hat mir die Vorfahrt genommen, die hat mich nicht begrüßt, die hat mich nicht angesehen, die war so komisch zu mir, alle haben mich übersehen.« Sobald wir eigenverantwortlich mit uns und unserem Leben umgehen, werden aus solchen Anklagen Aussagen, die uns helfen, unsere Gefühle zu reflektieren: »**Ich** fühle mich unfreundlich behandelt, **ich** fühle mich nicht gesehen, **ich** fühle meine Grenzen überschritten, **ich** fühle mich komisch behandelt ...« und so weiter. Wenn wir davon ausgehen, dass all diese negativen Dinge nur dann geschehen können, wenn wir uns selbst unachtsam und schlecht behandeln, dann kommen wir zu dem Punkt, an dem wir anerkennen können: »**Ich** behandele mich unfreundlich, **ich** sehe mich nicht, **ich** überschreite meine Grenzen, **ich** behandele mich komisch.«

Mit der Frage »Wann, wo und in welcher Situation behandele ich mich so?« kommen wir der Realität schon näher. Willst du noch weiter gehen, dann frag dich: »Was bin ich bereit zu tun, um freundlich mit mir umzugehen, mich und meine Bedürfnisse zu sehen, auf meine Grenzen zu achten und bewusst zu entscheiden, wie und wann ich sie erweitere?«

Meist ist spätestens an diesem Punkt der Moment gekommen, an dem wir unser Herz für uns selbst öffnen, weil wir spüren, dass hier die Wahrheit verborgen liegt. Und wenn hier die Wahrheit liegt, dann ist hier der Schlüssel, die Lösung.

5. Ankommen im Jetzt!

Im Jetzt liegt der Schatz! Im Jetzt Ja! zu sagen bedeutet Annahme all dessen, was ist.

Eckhart Tolle hat in *Jetzt! Die Kraft der Gegenwart*[2] in eingängiger Weise die Kostbarkeit des gegenwärtigen Augenblicks dargestellt. Er zeigt das auf, was mit uns geschieht, wenn wir uns erlauben, uns in unseren Gedanken zu verstricken – und was, wenn wir uns erlauben, frei zu sein von unnötigen Gedanken, uns trennen von der Verstandesenergie: Wir gelangen ins Sein. Sein, im gegenwärtigen Augenblick, dem einzigen Augenblick, in dem wir leben und wirken können.

Vergangenheit und Zukunft sind Zeiten, in denen wir nicht mehr oder noch nicht handeln können. Doch der gegenwärtige Moment, das Jetzt ist die einzige Zeit, die wahrhaft existiert und in der wir sein können. Sein.

---

[2] Tolle, Eckhart: *Jetzt! Die Kraft der Gegenwart.* Bielefeld 2003. (Hörbuch)

Dasein. Im Sein ist alles enthalten, das Tun, das Handeln, das Denken, das Fühlen. Jetzt. Nicht vorhin, nicht gleich – nur jetzt!

Das Annehmen des Jetzt hilft, uns daran zu erinnern, wie großartig, liebenswert und lichtvoll jeder von uns ist. Das anzuerkennen gelingt nur im jetzigen Augenblick; wir können alles, was wir tun, nur jetzt tun, egal, was vorhin war oder gleich sein wird.

Jetzt ist der Moment, in dem Entscheidendes vollbracht werden kann. Das Annehmen dessen, was ist, das Annehmen unserer eigenen Großartigkeit. Das Annehmen der Illusionen, denen wir erlegen waren. Und ganz klar, das Anerkennen des einzigartigen Augenblicks, in dem wir uns jetzt gerade befinden. Hieraus zu schöpfen, ganz präsent zu sein, ist eine kleine Kunst – und dennoch nur Übungssache! Wir können es uns zur Gewohnheit machen, ausschließlich den gegenwärtigen Moment zu meistern. Dann gelingt uns alles! Sicher!

Hierzu die Geschichte von Julia:

Julias Nerven waren wegen diverser Probleme sehr strapaziert. Als sie deshalb moralische Unterstützung bei ihrem Partner suchte, konnte sie ihn stundenlang nicht erreichen, was absolut ungewöhnlich war, denn für gewöhnlich telefonierten sie bereits frühmorgens miteinander, weil sie weit auseinander wohnten. Ein ungutes Gefühl überkam sie. Später, sehr spät, als sie ihn endlich erreichen konnte, spürte sie eine sonderbare Distanz zwischen sich und ihrem Partner, keine herzliche Verbindung mehr. Auch das war neu; sie war bis zu diesem Zeitpunkt überzeugt davon, dass sie mit diesem Partner jegliche partnerschaftliche Hürde meistern und besprechen könne. »Alles in Ordnung mit uns?«, fragte Julia, in der Hoffnung, ein eindeutiges und herzliches Ja! zu hören. Stattdessen erwiderte ihr Freund nach längerer Atempause: »Mal mehr, mal weniger.« Sie bekam ein unheimliches Gefühl, und ihre Verunsicherung entzog ihr den Boden unter den Füßen. Für einen kurzen Moment rauschte ihr so laut das Blut in den Ohren, dass sie dachte, sie stehe kurz vor einem Nervenzusammenbruch. Alles, was sie über Stressbewältigung wusste, flimmerte vor ihrem inneren Augen, aber es war ihr zu viel, sich damit zu befassen.

Dann sprach die innere Stimme zu ihr: »Atme. Atme ein. Atme aus. Es gibt nur das Hier und Jetzt. Mehr brauchst du nicht zu bewältigen. Mehr nicht. Achte nur auf das, was jetzt dringend getan werden muss. Um mehr brauchst du dich nicht zu kümmern. Was ist jetzt? Was brauchst du jetzt?«

»Luft«, fühlte Julia. »Atmen – Luft atmen.« Also atmete sie tief und befasste sich minutenlang nur mit ihren Atemzügen. Etwas Ruhe kehrte ein. Dann war sie drauf und dran, sich wieder mit ihren Problemen zu befassen. Doch die Stimme sagte: »Wohin führt das? Kümmere dich nur um den Augenblick! Was gibt es jetzt zu tun?«

Ihr fiel ein, dass sie eine Einladung zum Mittagessen hatte, sie mochte gar nicht hingehen, aber es gab in diesem Moment auch nichts anderes zu tun; ihren Partner würde sie erst zwei Tage später sehen.

Also kümmerte sich Julia instinktiv darum, dass sie zumindest körperlich bei Kräften blieb. Sie ging zu dem Mittagessen, bei dem Gott sei Dank auch sechs ihrer Kollegen waren, die die Unterhaltung übernahmen und sie in Ruhe essen ließen. Julia konzentrierte sich auf jeden Bissen, schmeckte jede Nuance, spürte ihren Körper und achtete auf jede Kleinigkeit. Sie registrierte jede Bewegung und verwendete ihre ganze Aufmerksamkeit auf die Dinge, die sie in diesem Moment tat. Das war ihr Glück, und das war ihre Rettung. Sie musste nur mit dem Naheliegenden klarkommen, nur im Jetzt sein, kauen, schmecken, schlucken und atmen.

So machte sie es den ganzen Tag. Immer, wenn der Gedanke an ihre Probleme in Julia auftauchte und es zu schlimm wurde, fragte sie sich: »Was kannst du jetzt tun, was brauchst du jetzt?« Danach handelte sie, befasste sich mit einer Aufgabe nach der nächsten, immer nur mit der, die aktuell an der Reihe war, und bewältigte alles mit einer besonderen Kraft. Sie wusste, sie musste nur den gegenwärtigen Augenblick meistern, mehr nicht.

Diese Gegenwärtigkeit hat Julia geholfen, durch eine schwere Krise zu kommen. Sie hat ihr geholfen, immer häufiger bei sich und in sich anzukommen und sich in sich selbst geborgen zu fühlen. Die Krise hat sie so zu sich selbst geführt und dabei unterstützt, an ihre inneren verborgenen Kräfte zu gelangen. So war die Krise rückblickend ein großer Schatz, denn durch sie hat Julia das Jetzt, die Gegenwärtigkeit mit all ihrer Klarheit, Einfachheit und Geborgenheit kennengelernt und zu sich selbst gefunden.

Lass dich ein auf die Gegenwart, auf den einzigen Augenblick, in dem du tatkräftig und schöpferisch sein kannst! Alles In-die-Zukunft-Schweifen lässt dich deine Macht über die Gegenwart und dein jetziges Sein einfach abgeben. Sobald du im Hier und Jetzt ankommst, ergreifst du automatisch die Gelegenheit beim Schopf, der zu sein, der du bist! Der Augenblick ist der Schlüssel zu allem.

6. Mach dich frei von Bewertungen!

Eine gelungene Voraussetzung für das Annehmen ist es, dies bewertungsfrei zu tun. Gut und schlecht, lieb und böse, Glück und Unglück – schlussendlich ist alles auf diese wenigen bewertenden Adjektive zurückzuführen. Indem wir bewerten, fallen wir aus der Mitte. Aber ebendiese Mitte ist es, die, wenn wir in ihr sind, unsere ganze Kraft birgt und unser Dasein im Gleichgewicht hält. In ihr finden wir die Balance, aus der heraus wir das Leben vielseitig erleben. Unsere Bewertungen orientieren sich jedoch an Gewinnen und Verlieren, Ehren und Verachten, Loben und Tadeln, Sich-Freuen und Leiden. Sowohl das Darananhaften als auch die Ablehnung dessen entfernt uns aus unserer Mitte. Die Gewohnheit abzulegen, die Dinge zu bewerten, erfordert eine gründliche Überarbeitung unserer Denkweise. Dazu ein Beispiel:

Während ich dieses Buch schreibe, beobachte auch ich mich in meinem Umfeld. Ich befinde mich auf einem Seminarhof, der verschiedene Gruppen von Menschen beherbergt.

Bei den Mahlzeiten kommen wir alle im Café zusammen. Auch wenn ich nicht mit den Gruppen am Tisch sitze, sondern hin und wieder mit den Eigentümern des Hofes speise, nehme ich mir Zeit, die Menschen zu beobachten.

Eine Gruppe fällt mir durch ihre Präsenz auf: Wie kraftvoll und geerdet ihre Teilnehmer auf mich wirken! Während eine andere Gruppe eher zaghaft und schwebend wirkt. Einige ihrer Mitglieder machen den Eindruck, nicht ganz bei sich zu sein, andere jedoch den, ganz in ihrem Körper zu wohnen und sich ihrer selbst genau bewusst zu sein. Langer Blickkontakt im Gespräch mit ihnen überrascht mich und zeigt mir, dass diese Menschen doch gut bei sich angekommen sind. Wie wunderbar! – Und hier ist sie auch schon: meine Bewertung.

Zunächst habe ich all diese Menschen zu einer Einheit zusammengefasst, auch wenn sicher manche nicht in die Gruppe passen. Dann habe ich ihnen Eigenschaften wie »Präsenz« und »Fahrigsein« zugeordnet, und schon bewerte ich. Ich analysiere nicht nur, sondern ich bewerte ihr »Präsentsein« als gut und »Fahrigsein« als schlecht. Dieses Bewerten geschieht ungewollt, automatisch. Ist dies vielleicht einfach unsere Art?

Ja! Wir sind es gewohnt, zu kategorisieren und zu bewerten. Aber wir sind auch in der Lage, uns bewusst zu machen, wann und wie wir uns mit unseren Bewertungsmechanismen im Weg stehen. Wenn es mir möglich ist, das, was ist, was ich beobachte, schlicht als eine Erfahrung wahrzunehmen, kann ich das leichter annehmen. Und ich kann leichter in meiner Mitte bleiben. Das ist mir wichtig: in meiner Mitte sein.

Mithilfe dieser Selbstreflexion fällt es mir leicht, beide Gruppen anzusehen und anzunehmen, als das, was sie sind. Letztlich weiß ich ja auch gar nicht, was für diese Menschen gut ist. Diese Gedanken machen es mir leicht, zu akzeptieren, was ist. Alles hat seine Zeit – das »Zerflattertsein« wie das »Präsentsein«. Und in allem liegt ein Schatz, alles hat eine Qualität, die wir nur erkennen können, wenn wir die Dinge schlicht als das annehmen, was sie sind – ohne Bewertung. Gelingt uns das, dann wird es ganz einfach sein, anzunehmen, was ist.

III. Auf dem Weg zum anderen

1. Mitgefühl

Mitgefühl entsteht, wenn wir zur eigenen Geschichte, zu den eigenen Anteilen, zum eigenen Weg Ja! gesagt haben. Wenn wir damit ganz annehmen, wer und wie wir sind, ist es ganz leicht, Mitgefühl für andere Menschen zu haben. Aus der Selbstliebe entstehen Toleranz und Verständnis, und jede Beurteilung, jede Verurteilung verschwindet. Dabei ist es egal, wie oder was jemand ist – liebendes Mitgefühl ist die Folge von Selbstliebe und entspringt dem geöffneten reinen Herzen.

Mitgefühl ist das, was wir von Jesus Christus lernen – ohne Wenn und Aber, ohne auf Herkunft, Kleidung oder Statussymbole zu achten, ihn einfach anzunehmen, Ja! zu ihm zu sagen.

- Ja!, du bist!
- Ja!, du bist Teil der Menschheit!
- Ja!, du bist einer von uns!
- Ja!, du bist ein Kind Gottes!
- Ja!, du bist da!

In unseren Kirchen wird Mitgefühl so immer wieder zum zentralen Thema. Aber findet Mitgefühl auch seinen Platz in unserem Alltagsleben?

Ich unterscheide dabei Mitgefühl von Mitleid. Beide sind zwei völlig unterschiedliche Aspekte im Umgang mit Menschen. Während Mitleid schon durch die Wortwahl bekundet, dass es darum geht, »mitzuleiden«, das Leid des anderen »mitzumachen«, lässt das Mitgefühl den anderen spüren, dass man »mit ihm fühlt« – voller Toleranz und Achtsamkeit, als gleichberechtigten Gesprächspartner.

Mitgefühl setzt voraus, dass wir eine Ahnung von dem haben, was der andere gerade erlebt, entweder indem wir uns auf den anderen einlassen oder indem wir an eigene Erfahrungen erinnert werden, an Gelegenheiten, bei denen wir uns ähnlich gefühlt haben. Mitgefühl lässt uns zu gegenseitiger Wertschätzung zurückfinden. Wertschätzung für uns selbst, Wertschätzung für die Menschen in unserem Umfeld, Wertschätzung für alle Menschen. Das geschieht, wenn wir uns wirklich auf das Leben, auf unser Leben einlassen können, mit allem Aus- und Nachdruck Ja! sagen. Dann werden wir durch das Mitgefühl unsere Herzen dauerhaft öffnen können und auf diese Weise uns und die Menschen, mit denen wir in Berührung kommen, heilen.

Heilen bedeutet hier, ins Gleichgewicht zu kommen, in Frieden sein zu können und immer wieder die Mitte zu finden. So können wir, aus dem tiefen Wissen, worum es geht, das Leben meistern.

2. Hilfe annehmen – auf Hilfe vertrauen

Können wir um Hilfe bitten? Häufig ist es so, dass wir sehr gern unsere Hilfe anbieten. Wenn wir helfen, wachsen wir über uns selbst hinaus und sind froh, etwas von uns selbst geben zu können. Wenn uns ein Mensch braucht oder eine Situation unsere Hilfe erfordert, ist dies für uns wie ein Beweis für unsere Daseinsberechtigung. Ein innerliches »Siehst du, du bist doch zu gebrauchen!« spornt uns an.

Aber wenn es darum geht, selbst um Hilfe zu bitten, tun wir uns sehr schwer:

- »Ich melde mich, wenn ich etwas brauche!«
- »Wenn ich nicht klarkommen sollte, sag ich Bescheid.«
- »Ja, ich sag es schon, wenn ich Hilfe benötige.«

Viele von uns äußern solche Dinge zwar, doch melden wir uns wirklich bei unseren Freunden oder der Familie, wenn wir Hilfe brauchen? (Und mit Hilfe meine ich nicht das Ausleihen einer Tasse Zucker oder das Anbringen eines Regals!) Nein, häufig tun wir es nicht! Stattdessen meinen wir, alles mit uns selbst ausmachen zu müssen. Wie oft sagen wir »Damit muss ich schon allein klarkommen«? Dabei bietet sich, wenn wir sagen »Ich brauche deine Hilfe!«, auch die Chance, neue Erfahrungen zu machen, uns selbst und unsere Mitmenschen neu zu entdecken. Ganz schnell offenbaren sich Möglichkeiten, an die wir überhaupt nicht gedacht haben. Trotzdem weigern wir uns oft, das zu tun, weil wir glauben, keine Schwäche zeigen zu dürfen.

Doch um Hilfe dürfen wir nicht nur unsere Mitmenschen bitten, sondern auch Gott. Ein Beispiel einer meiner Freundinnen:

> Als Sandra Mitte dreißig war, wurde sie krank. Es dauerte einige Zeit, bis ihr klar wurde, wie krank sie war. Doch das wollte sie lange nicht wahrhaben. Bei einem Krankenhausaufenthalt und der ersten Operation blieb es nicht. Eine weitere Operation wurde notwendig. Sie hatte sich bis dahin schon viele Jahre völlig ohne Medikamente und ärztliche Hilfe gesund erhalten, sodass es für sie sehr schwer war, sich nun der Schulmedizin anzuvertrauen. Gott sei Dank hatte sie Ärzte, die sie auch über den normalen Rahmen

hinaus begleiteten. Allerdings gelang es Sandra lange nicht, die wirkliche Ursache für ihre Erkrankung herauszufinden. Und zwar deshalb, weil sie nicht wahrhaben wollte, dass sie unglücklich war. Zutiefst unglücklich.

Am Ende des Jahres wurde sie wieder operiert. Vor der Operation war Sandra nun endlich bereit, die für sie schmerzhaften entscheidenden Fragen zu stellen und zu beantworten:

»Wer ist verantwortlich für deine Gesundheit?« – »Ich!«
»Wofür bist du noch verantwortlich?« – »Für mein Leben und das Leben meiner Tochter.«
Weiter kam sie nicht. Sie merkte, dass in ihrer Aufzählung jemand fehlte.
»Was bedeutet das?« – »Ich kann nur für mich und meine Tochter Verantwortung tragen, also muss ich mich von meinem Mann trennen.«
Diese Erkenntnis führte zu einem folgenschweren Schritt für Sandra und ihre Familie. Sie hatte sich verloren, und die einzige Möglichkeit, sich wiederzufinden, sah sie darin, sich aus ihrer momentanen Lebenssituation zu lösen. Diese Entscheidung war die schwierigste und schmerzhafteste, die sie bislang treffen musste. Sie wollte so sehr eine intakte Familie, doch ihr Gesundheitszustand verschlechterte sich immer mehr, und sie wusste, dass es nur ihre Aufgabe war, das zu ändern. Die Entscheidung war so klar,

wie sie schmerzhaft war. Verzweiflung, Schuldgefühle, völlige Erschöpfung, tiefe Trauer, Resignation, Mutlosigkeit – sie konnte nicht mehr!

Völlig erschöpft ging sie hinaus in den nächtlichen Garten und flehte den Himmel an: »Gott, ich kann nicht mehr, ich gebe alles ab, ich bin zu klein und zu schwach, ich gebe mich in deine Hände …«

Völlig leer, ausgebrannt und am Ende, legte sie sich in ihr Bett. Sie spürte ihren Atem, ihre Hoffnungslosigkeit und ihre Müdigkeit. Schwere. Stille.

Auf einmal spürte sie eine Kraft um sich. Es war, als höbe sie etwas auf und umhüllte sie. Sandra hatte das Gefühl, als hätten sich Riesenarme wie große Schwingen sanft und warm um sie gelegt. Wärmend. Fürsorglich. Beschützend und besänftigend. Sie lag in Gottes Armen und schlief ein.

Am nächsten Morgen erwachte sie und fühlte vorsichtig in sich hinein: Etwas war von ihr genommen. Das Schwere war von ihr genommen. Sie fühlte sich ungewohnt erfrischt und klar. Erstaunt stand sie auf. Nun konnte sie gesund werden und ein neues Leben beginnen.

Wir bekommen immer die Unterstützung, die wir brauchen. Der erste wichtige Schritt ist, dass wir darum

bitten. Und der zweite Schritt ist, Hilfe annehmen zu können. Sende einen Hilferuf gen Himmel, ganz sicher wird er beantwortet. Immer! Wichtig ist es, empfänglich für Hilfe zu sein, die Augen und die Sinne weit zu öffnen und staunend zu warten, was passiert. Auch die tiefste Stille kann hier genau die richtige Hilfe sein!
Wir Menschen erliegen einem Trugschluss, wenn wir mal wieder in unser persönliches Leid verwickelt sind und glauben, dass wir alles allein klären und allein bewerkstelligen müssen. Wir vergessen, dass wir eingebunden sind in ein großes Gefüge, das sowohl irdische als auch himmlische Ebenen umfasst. Wir sind mit allem, was ist, verbunden. Das übersehen wir häufig und verlieren das Vertrauen.

Oftmals steht die Hilfe schon vor der Tür, doch wir sind so gefangen in unseren Gedanken und Problemen, dass wir nicht auf die Idee kommen, die Tür zu öffnen. Wenn wir ihre Hilfe nicht annehmen wollen oder können, nehmen sich unsere Helfer Helfershelfer. Diese bekommen den Auftrag, uns aus unseren negativen Gefühlen herauszulocken und uns einen neuen Impuls zu geben.

Aber auch jeder von uns, du auch, ist solch ein Helfershelfer, auch Engel genannt, die anderen bewusst und unbewusst zur Seite stehen können:

Schon immer fühlte ich mich tief berührt von Jesus. Wenn von ihm gesprochen und zu ihm gebetet wurde, hatte ich das Gefühl, dass es auch mein Herz in Aufruhr versetzte.

Heute Morgen war ich sehr berührt von der christlichen Präsenz hier in meinem Bungalow am Großen Lychensee. Ich spürte so eine tragende Freude, Glück, ja insgesamt so ein kostbares Lebensgefühl, dass es mich drängte, es mit jemandem zu teilen. Zunächst wusste ich gar nicht, wer gerade der oder die Richtige dafür war, also ließ ich mich durch mein Telefonbuch führen. Ich fand die Nummer einer Freundin und wählte.

Ich wußte, dass ich bei ihr sofort zum Punkt kommen konnte, und erzählte ihr: »Die Freude und die Liebe Jesu haben mich geführt. Ich fühle mich so erfüllt und möchte das gern mit dir teilen.« Sie freute sich nur zurückhaltend.

Dann fragte ich sie: »Wie geht es dir denn?« Sie begann erst zaghaft zu berichten, und dann brach es aus ihr heraus: »Ich brauche eigentlich eine Auszeit, mache mir aber große Sorgen um meinen Sohn, der so verzweifelt ist, dass er daran denkt, sich etwas anzutun. Und um meine Tochter, die in der Klinik ist. Ich weiß gar nicht, wo ich anfangen soll. Dabei brauche ich eigentlich erst mal Zeit für meine Partnerschaft, die auch zu kurz kommt.« Sie weinte.

Doch die himmlischen Helfer sind trickreich, und auf einmal wußte ich, warum ich meine Freundin angerufen hatte. Ich sagte ihr: »Du bist nicht allein, und du musst das alles auch gar nicht allein entscheiden! Erst mal ist es gut, wenn du wieder bei dir selbst ankommst, dich dir selbst näherst. Vorher kannst du dich nicht gut um andere kümmern.« Und dann: »Weißt du eigentlich, dass du nicht allein bist? Weißt du, dass du immer Engel und Himmelshelfer um dich herum hast, die nur auf deinen Auftrag warten, um dich zu unterstützen? Weißt du das?«

Sie sagte: »Ich weiß es, aber ich vertraue nicht darauf, dass sie mir helfen.« Ich antwortete: »Der Schlüssel für deine Probleme ist vielleicht genau das: darauf zu vertrauen, dass die Hilfe kommt, die am besten für dich ist. Und diese Hilfe anzunehmen, um zur Ruhe zu kommen. Vielleicht geht es genau darum! Du musst das nicht allein klären oder tragen, sondern solltest dir erlauben, Hilfe anzunehmen. Lade die himmlischen Helfer ein, dir beizustehen und dir zu helfen.«

»Hast du Engelkarten?«, wollte ich wissen. Sie antwortete: »Ja!« Ich fragte sie: »Wie wäre es, wenn du einfach alle Engelkarten anschaust, die Engel begrüßt, sie um Hilfe bittest und alle Engel im Haus verteilt aufstellst, um dich und deine Familie ganz mit ihnen zu umgeben?« – »Ja!«, sagte sie. »Das fühlt sich gut an, das mache ich!«

In den tiefsten und dunkelsten Stunden unseres Seins, in verzweifelten Zeiten oder wenn wir uns überfordert fühlen, können wir dennoch sicher sein, dass wir begleitet und geführt werden. Unsere Bitte, unseren Auftrag an die himmlischen Heerscharen, an die göttliche Präsenz oder an das große Mysterium (suche dir das aus, was dir behagt) ist das Einzige, was wir aussprechen oder denken müssen, damit uns sofortige Hilfe zuteil wird. Hilfe anzunehmen verstärkt das Netz der Gemeinschaft, verstärkt das Miteinander.

Und Hilfe anzunehmen ehrt die, die helfen wollen. Helfen wollen wir fast alle. Zu helfen ist für uns einfacher, als Hilfe anzunehmen. Doch diese Haltung kann sich zu einem ausgewachsenen Helfersyndrom entwickeln – vielleicht ein Hinweis auf unsere eigene Hilfsbedürftigkeit?!

3. Gleichgewicht

Das Universum gibt alles zurück, was jemals gegeben oder empfangen wurde. Wir können darauf vertrauen, dass, wenn wir jemandem geholfen haben und er es nicht wiedergutmachen kann, trotzdem alles schlussendlich immer durch das Universum ausgeglichen wird. Unsere Erwartungshaltung »Geb ich dir dies, dann gibst du mir das« können wir umwandeln in ein bedingungsloses Geben und Empfangen. Da wir alle miteinander verbunden sind, wird alles, was ich jemals gebe, immer auch das sein, was ich empfange.

Wenn ich gebe, empfange ich. Lasst uns geben, uns hingeben an das Leben!

Wenn wir auf diese Gesetzmäßigkeit vertrauen, können wir leicht reichlich geben und nehmen, denn alles ist im Universum enthalten. Wenn ich gebe, gebe ich immer auch mir etwas! Wenn wir uns der Liebe und dem Mitgefühl hingeben, werden wir ebenso Liebe und Mitgefühl bekommen!

Teil 2: Ja! zu dir selbst

I. In Kontakt kommen mit deinen Gefühlen

1. Über die Gefahren des positiven Denkens

In den 80er-Jahren boomte das Schlagwort »Positiv denken«. In vielen Selbsthilfebüchern, Seminaren und Unternehmensphilosophien wurde das Schlagwort eingeführt, ja es wurden ganze Seminarkonzepte (um)geschrieben und Mitarbeiter verschiedener großer Unternehmen eingeschworen auf diesen neuen Begriff – was immer dieser nun bedeuten sollte.

Auch ich habe in verschiedenen Führungsseminaren und in meiner Ausbildung zur Konzerntrainerin intensiven Kontakt mit der Bedeutung von positivem Denken bekommen. Ich gehörte zu denen, die auch wirklich konsequent nach dieser neuen Idee gelebt haben. Schon zuvor wurde ich oft als »Sonnenschein« gesehen, weil ich immer so positiv dachte und das auch ausstrahlte. Nun hatte ich noch ein Konzept an die Hand bekommen, das meine Art bestätigte, und konnte dies bestens in all meinen Seminaren einsetzen.

Destruktiv denken war »out«, sich schlecht fühlen war »out«. Diese Ausschließlichkeit verwehrte es, Gefühle zu erlauben, und bannte das Nichtgefühlte ins Unterbewusstsein. Wir lernten zu verdrängen.

Dass einige Menschen in dieser Zeit aufgrund dessen an seelischen Erkrankungen bis hin zur depressiven Verstimmung litten, wurde gerne ignoriert. Diese Leute waren nicht mehr in Kontakt mit ihren Emotionen, zum Beispiel ihren Ängsten. Mit der »Positiv-denken-Maske« hatten sie es sich selbst verwehrt, sich traurig, missmutig, ängstlich oder ratlos zu fühlen. Nach außen hin zwangen sie sich zu strahlen, und innerlich fühlten sie sich abgeschnitten von sich selbst, trostlos und resigniert. Vielleicht geht es dir ja auch so? Auch heute noch gibt es viele Menschen, die sich nicht erlauben, zu fühlen.

Positiv zu denken hat zwar seine guten Seiten, doch wenn wir unsere anderen Emotionen verleugnen, wird es kontraproduktiv sein. Es lässt sich nicht alles auf der Verstandesebene und im Kopf lösen: Wir haben unsere Gefühlswelt, die auch im Gleichgewicht sein will.

Wenn positives Denken dazu führt, dass alles, was wir als negativ empfinden, ausgegrenzt wird, kann das bedeuten, dass wir unsere aktuellen Gefühle immer noch nicht wahrnehmen und unsere Energien, sprich Lebenskraft, weiter an die Vergangenheit binden. Das führt dazu, dass wir – nur wegen einer Bewertung! – einen kraftvollen Teil in uns an die Kette legen. Wenn wir hingegen unsere nicht zugelassenen Gefühle an die Luft holen, wirkt das wie ein Befreiungsschlag.

Wenn wir ein Gefühl, das in uns aufsteigt, verdrängen, wird es sich stattdessen in verschlüsselter Form bemerkbar machen. So kann das Gefühl »Verlassensein« sich zum Beispiel als Gereiztheit äußern. Eine Gereiztheit, die beispielsweise daher rührt, dass wir den Schreibtisch noch immer nicht aufgeräumt haben, kann gelöst werden, indem wir einfach genau das tun. Stammt die Gereiztheit aber aus einem verdrängten Gefühl, hilft es nicht, den Schreibtisch aufzuräumen, und noch viel weniger, einfach positiv zu denken. Um der wirklichen Ursache unseres Gemütszustands auf die Spur zu kommen, müssen wir die Tür öffnen und die wahre Emotion einladen, sich zu zeigen.

2. Annehmen von seelischen Schmerzen

Vor einigen Jahren erlebte ich eine heftige Krise. Eines Morgens erwachte ich und fühlte mich ganz leer. Ich fragte mich, warum ich überhaupt aufstehen sollte – mein Schmerz war so groß, dass er alles andere überschattete. Sogar meine Beziehung zu meinem damaligen Partner endete, weil ich ihm wegen meines Schmerzes nicht mehr als Freundin zur Verfügung stehen konnte.

»Gibt es einen Grund aufzustehen?« Diese Frage stellte ich mir für eine ganze Weile jeden Morgen. Meine Antworten darauf variierten, und ich ging ihnen immer weiter auf den Grund. Meine Gedanken liefen etwa wie folgt ab:

»Warum stehe ich denn jetzt auf?« – »Aus Gewohnheit.«
»Und warum außerdem noch?« – »Aus Pflichtgefühl.«
»Wem oder was bin ich verpflichtet?« – »Meinem Job, meinem Leben im Allgemeinen.«
»Bin ich um meiner selbst willen nicht ein Grund?« – »Nicht wirklich, ob ich nun da bin oder nicht, die Welt wird sich weiterdrehen, und wenn ich meine Ideen nicht einbringe, wird es jemand anders tun. Ich werde zunächst vermisst werden, aber auch das wird vorbeigehen.«
»Warum will ich also aufstehen?« – »Ich habe eine Lebensaufgabe.«
»Na und? Die wird im Großen und Ganzen so oder so erfüllt werden. Vielleicht ist es am Ende egal, ob ich da bin oder nicht. Warum will ich heute Morgen aufstehen?« – »Na ja, wenn es egal ist, ob ich aufstehe oder nicht, dann kann ich auch aufstehen.«

»Also, warum will ich aufstehen?«

Jeden Tag aufs Neue stellte ich mir diese Fragen und kam jedes Mal ein Stück weiter. Und eines Tages, nach all der Suche nach dem Grund, tauchte in mir endlich sanft und klar die Antwort auf. Ich antwortete mir:

»Weil ICH Lust dazu habe!«

Tief in mir entdeckte ich, dass es keinen Grund gab aufzustehen, außer einfach den, dass ich Lust dazu hatte. Ich hatte, unabhängig von allen erfüllenden oder nichterfüllenden Bindungen, Beziehungen und Aufgaben in mir die Lust am Leben entdeckt. Eine Lust am Leben, die nicht an Bedingungen geknüpft war. Seitdem ist sie einfach da, die innere Kraft, die mir meine Lebensfreude ermöglicht.

Die Bereitschaft, sich selbst zu ergründen, seine Motive und Abhängigkeiten zu untersuchen, ist eine große Herausforderung. Doch oft erwächst aus solchen verzweifelten Gefühlen neue Hoffnung und Zuversicht. Auf einmal, ohne äußeren nennenswerten Grund, ist die Seele beflügelt – als hätte man in sich selbst die klarste und erfrischendste Quelle mit dem köstlichsten Wasser gefunden.

Mit sich selbst ein Zwiegespräch zu führen, das die eigenen Beweggründe aufzudecken hilft, erfordert zumindest Neugier, wenn nicht sogar Mut.

Nun weiß ich auch nicht, ob wir Menschen bei einer solchen Selbstreflexion alle das Gleiche entdecken, doch ich vermute und glaube, dass wir dabei auf den Urgrund unserer Seele schauen. Und das kann schlichtweg beruhigend und befreiend sein.

Ja! zu den Tiefen und Abgründen unseres Seelenschmerzes zu sagen, zeigt eine Bereitschaft für die wirkliche Auseinandersetzung mit dem eigenen Dasein, dem eigenen Leben. Ich habe durch diese Erfahrung einen großen Teil meiner selbst entdeckt. Dafür bin ich sehr dankbar.

Schattengestalten, die wir im Verborgenen gehalten haben, dürfen sich nun zeigen und verlieren dadurch augenblicklich ihre dämonische Macht. Wenn wir sie einladen, sich zu zeigen, geht es unseren düster anmutenden Anteilen wie dem Vampir, der im Sonnenlicht zu Staub zerfällt. Eine zuvor aus den Augenwinkeln als böses Schattentier wahrgenommene Gestalt wird bei näherem Hinsehen ein eingeschüchtertes, verirrtes Gefühl, das nur wieder nach Hause möchte.

Alle Fragen und Antworten sind in uns, es ist nur eine Frage der Übung, mit ihnen in einen fruchtbaren Dialog treten zu können. Ich möchte dich mit meiner Geschichte ermuntern, dies immer wieder zu tun. Fühle dich eingeladen, mit dir vertrauter zu werden, bei und in dir selbst anzukommen.

Trennungsschmerz, Angst oder die Sorge um einen

Menschen, der lebensbedrohlich erkrankt ist, sind Kräfte, die uns antreiben, etwas zu tun. Dieser Antrieb bringt uns oftmals dazu, unser Leben zu verändern, es zu überdenken, und verschafft uns auf diese Weise regelrechte Entwicklungsschübe. In jedem Schmerz, in jeder Angst und in jeder Trauer liegt etwas Gutes, das uns vorantreibt, sodass wir uns entwickeln, entfalten und verwandeln können. Jeder Schmerz, so tief er auch sein mag, ermöglicht es uns, eine Lebenskraft zu mobilisieren, die aus diesen besonderen Gefühlen erwächst. Diese Kraft und dieser innere Antrieb machen es uns möglich, Anstrengungen auf uns zu nehmen, die im Nachhinein mühevoll erscheinen. Doch in dem jeweiligen Moment bringen sie uns einfach dazu, das zu tun, was getan werden muss. Nicht mehr und nicht weniger.

Ein Junge, der in meine Praxis kam, war bereits als 13-Jähriger durch seine Gewalttätigkeit aufgefallen und strahlte auch aus, immer kampfbereit zu sein.

Ich ließ ihn in einer Sitzung die Ärmel aufkrempeln und sich vor mir in Kampfhaltung aufbauen und fragte ihn dann: »Mit wem willst du denn am liebsten kämpfen, auf wen bist du denn so wütend?« Der Junge suchte nach der Antwort, und als er sie fand, traf sie ihn selbst wie ein Schlag: Es ging um seinen Vater. Der war fünf Jahre zuvor im Beisein seiner Frau und seiner Kinder im Hausflur tot umgefallen. Sein

Sohn war voller hilfloser Wut darüber, dass sein Vater ihn verlassen hatte. Die Worte brachen sich Bahn, sie begannen zu fließen, und unter der oberflächlichen Wut wurde die tiefe Trauer sichtbar, die den Jungen gefangen hielt. Die hatte er bisher nicht zugelassen, er dachte nämlich, dass er als der Älteste stark sein müsste. Nun endlich erlaubte sich dieser Junge zu trauern: Er weinte bitterlich über seinen Verlust. Er erlaubte sich zu trauern – nach fünf Jahren, in denen er nur Zorn und Wut gefühlt hatte. Er ging heim und gab in Form eines »kleinen Altars« seinem Vater wieder einen Platz in seinem Leben.

Die Kampfeslust ist seitdem aus ihm gewichen und hat einer neuen Souveränität Platz gemacht. Mittlerweile ist er 17 Jahre alt und entwickelt sich ganz natürlich. Mit ihm hat sich die komplette Familie der eigenen Trauer gestellt.

Darf die Trauer sein, erwachsen Kraft und Liebe. Ich erlebe und erfahre das Trauern als große emotionale Kraft, die, wenn sie angenommen wird, dem tiefen Glück und der Freude sehr nahe kommt.

Wenn du Sehnsucht spürst, Bedürftigkeit fühlst, dann liebe dich mit diesem Gefühl. Nimm dich mit deinen Zweifeln an, sag Ja! zu deiner Selbstbewertung, zu deinen Urteilen. Sag Ja! zu jedem Gefühl! Wenn du bereit bist, deinem tiefsten Schmerz und deiner tiefsten Angst zu begegnen, dann ist es sicher, dass du einen großen Schatz entdecken wirst. Einen Schatz, der dein ganzes Leben, deine Einstellung und dein Lebensgefühl verwandeln wird. Dieser Schatz wird alle deine bisherigen Werte verändern.

Übung 5: Umgang mit Emotionen

Versuche, deinen Gefühlen auf den Grund zu gehen. Frage dich: »Was fühle ich? Woher kenne ich das Gefühl? An was oder wen erinnert es mich?« Dann nimm das Gefühl an.

Eine kinesiologische Korrektur unterstützt diesen Prozess. Sie stammt aus dem Three in One Concepts-Kurs »Tools of the Trade« und heißt »Ich fühle/ich bin«[3]. Ich habe sie als überaus wirkungsvolle und sehr effektive Stresslösetechnik kennengelernt. Bei mir und bei meinen Klienten. Bei ihr geht es um ein Halten der Stirn und des Hinterkopfes, um die Augenausrichtung und laut ausgesprochene Worte bzw. Sätze. Sie wird »Ich fühle/Ich bin« genannt und innerhalb kinesiologischer Sitzungen verwendet.

[3] Vgl. Stokes, Gordon/Whiteside, Daniel: *Tools of the trade.* Kirchzarten 2001. (Workshop Skript)

Schritt 1:

Stelle dich hin, und halte dir mit einer flachen Hand die Stirn, sodass die Stirnbeinhöcker (auch als positive Punkte bekannt) durch deine Hand berührt werden. Die andere Hand legst du auf die Wölbung deines Hinterkopfes.

Wenn die Stirn berührt wird – so können wir stark vereinfacht sagen –, wird durch die Wärme unserer Hand die Aufmerksamkeit auf einen Bereich unseres Gehirns gelenkt, der für das bewusste assoziative Denken steht. In der einen Gehirnhälfte findet logisch-analytisches Denken statt, während auf der anderen Seite das kreativ-musische Denken erfolgt. Durch die warme Berührung lenken wir Aktivität aus dem hinteren Schläfenlappen und gleichzeitig aus den stressbeladenen Emotionen nach vorne, wo das bewusste Denken stattfindet. Wenn wir den Hinterkopfbereich halten, lenken wir durch die Wärme unserer Hand Energie in das visuelle Zentrum. So gelangt die Energie aus der Emotion heraus in einen Bereich, von wo aus wir klarer sehen.

Das Stirn-und-Hinterkopf-Halten hat überdies eine beruhigende Wirkung. Bei uns selbst und bei unseren Lieben, zum Beispiel Kinder, Partner, der Freundin etc.

Schritt 2 a:

Nun sprichst du einen Satz, beginnend mit »Ich fühle …« laut aus, zum Beispiel »Ich fühle mich verlassen« oder »Ich fühle mich ängstlich«. Erlaube dir, das, was du sagst, wirklich zu fühlen. Atme tief. Wiederhole den Satz und die tiefe Atmung, während du nacheinander folgende Blickrichtungen einnimmst:

Schritt 2 b:

Deinen Kopf hältst du still. Fange an, deine Augen eine liegende Acht malen zu lassen. Dabei beginnst du in der Mitte und malst mit der Blickrichtung von dort nach oben rechts die erste Hälfte, dann geht dein Blick nach unten und wieder zurück in die Mitte. Von dort nach links oben einen Kreis ziehen und dann nach unten, um anschließend wieder in der Mitte anzukommen.

Dann stelle dir 9 Punkte vor:

und wandere sie mit deinen Augen ab: von der Mitte nach oben und dann weiter im Uhrzeigersinn. Lasse deine Augen kreisen, und achte dabei darauf, dass du sie weit dehnst. Anschließend rolle sie zurück – gegen den Uhrzeigersinn. Wenn du wieder in der Mitte angekommen bist, atme tief durch die Nase ein, löse deine Hände vom Kopf und atme durch den Mund aus. Jetzt hast du umfassend dein Gefühl anerkannt und angenommen.

Schritt 3:

Im nächsten Schritt kannst du nun bewusst in den gewünschten Geisteszustand gelangen. Stelle hierfür dem »Ich fühle …« ein »Ich bin …« gegenüber, das genau das ausdrückt, was du sein willst.

Achte darauf, dass du eine eindeutig positive Formulierung wählst. Denn unser Unterbewusstsein kann kein Nein verwerten. Deshalb wirken Formulierungen wie »Ich bin nicht mehr ängstlich« nicht. Was bei deinem Unterbewusstsein ankommt, ist nur: »Ich bin … ängstlich.« Hier ist es von entscheidender Wichtigkeit, dass du stattdessen sagst: »Ich bin sicher«, oder: »Ich bin vertrauensvoll.«

Diesen Satz sprichst du nun laut aus und wiederholst ihn, während du gleichzeitig Stirn und Hinterkopf, wie oben beschrieben, hältst und mit den Augen eine Acht »malst« usw.

3. Bedürfnisse erspüren

Nach einem überlangen Seminartag, bei dem sich Ute völlig verausgabt hatte, lag sie im Bett und spürte, dass sie noch im Unfrieden mit sich war und so erschöpft, dass sie wahrscheinlich keinen erholsamen Schlaf finden würde.

Also begann sie das innere Gespräch:

»Was fühle ich?« – »Eine übermäßige Erschöpfung.«
»Kann ich sie durch etwas ausgleichen?« – »Ja.«
»Wodurch?« – »Ich möchte gehalten werden!«
»Von wem?« – »Von einem geliebten Partner.«

Ute erlaubt sich, sich in Gedanken von verschiedenen Qualitäten halten zu lassen, so zum Beispiel von der Vater- oder Mutterenergie, von Gott, Engeln, Partner oder Geliebtem. Und an jenem Abend war es eben die Energie des geliebten Partners. Sie lud ihn ein, sich an ihren Rücken zu legen, sie zu halten. Und erlaubte so dem Gefühl, geliebt, geerdet und geborgen zu sein, zu entstehen, zu ihr zu kommen. Dann konnte Ute endlich in einen tiefen, erholsamen Schlaf sinken.

All diese Qualitäten sind in uns und können mobilisiert werden. Auch du kannst diese inneren Quellen anzapfen und dich an ihnen nähren, dich versorgen mit dem, was du brauchst. So gelangst du von außen nach innen und öffnest dich für die Antworten, die in dir liegen. Dabei wirst du dich vielleicht wundern, wie genau du weißt, was dir guttut!

Wenn du dich also bereit erklärst, dich mit deinen eigenen Gefühlen zu befassen, dann brauchst du sie nicht mehr aufzufordern, sich zu zeigen. Es ist absolut ausreichend, sie anzunehmen, wenn sie sich bemerkbar machen. Und das geschieht meist im täglichen Leben. Im Tun. Im Sein. Im Alltag.

Stell dir vor, ein Gespräch mit jemandem hinterlässt ein ungutes Gefühl bei dir. Nun ist der Moment gekommen, in den Dialog mit sich selbst zu gehen und die negativen Gefühle zuzulassen. Sag ihnen: »Ja!, ihr dürft sein. Kommt her! Was wollt ihr mir denn sagen?« Die Antworten könnten lauten: »Ich fühle mich übergangen«, »Ich fühle mich überhört«, »Ich fühle mich übersehen«, oder: »Ich fühle mich ängstlich.« Was es auch ist, bleib bei dir, und erlaube dir, dies alles zu fühlen. Mehr nicht.

Es ist nicht erforderlich, dieses Gefühl zu pflegen und weiter zu etablieren, sondern nur, anzunehmen und dann zu beobachten, was passiert. Das Ja! wirkt auch hier wie ein Zauber, du wirst es erfahren! Die Anerkennung des Gefühls setzt sofort den Wandel in Bewegung. Wenn dir das gelingt, ersparst du dir viel Zeit und Mühe bei der Analyse. Ein simples Ja! auszusprechen, kann dich augenblicklich in dein Gleichgewicht bringen.

Übung 6: Dialog mit sich selbst

Um mit sich selbst in einen einfühlsamen inneren Dialog zu treten, ist es hilfreich, zur Ruhe zu kommen. Suche dir einen ruhigen Platz, an dem du allein sein kannst. Bringe dich durch einige tiefe Atemzüge ganz in Kontakt mit deinem Körper, komme in dir an. Identifiziere deine Gefühle: Woher kenne ich das? Woran erinnert mich das? Wenn wir mit solch einer Selbstreflexion beginnen, kommt meist rasch ein Bild oder eine Erinnerung daran, in welcher Situation wir früher schon einmal ähnlich gefühlt haben, in uns hoch. Auch hier gilt es nur Ja! zu sagen. »Ja, ich nehme dich an!«

Fällt dir an dieser Stelle nichts ein, bist du vielleicht schon mit den vergangenen Erlebnissen im Reinen. Dann frag dich: Wann übersehe ich mich? Die Frage, wann wir das, was uns ein ungutes Gefühl bereitet, mit uns selbst machen, führt häufig dazu, dass uns mehrere Lichter gleichzeitig aufgehen. Wenn wir bereit sind, wirklich bei uns selbst nachzuschauen und uns selbst nahekommen wollen, ist sie ein besonders wichtiges Hilfsmittel. Doch es erfordert Mut und Disziplin, sie zu stellen – und bewusste Aufmerksamkeit: »Was fühle ich?«

Übersiehst du deine Gefühle und gehst ihnen nicht nach, zeigt sich das in deiner Haltung. Diese Haltung wird wiederum meist unbewusst von anderen wahrgenommen. Das kann dann die unbewusste und damit unwissentlich ausgesendete Einladung an deine Mitmenschen sein, dich auch zu übersehen. Wenn du also achtsam und liebevoll zu dir bist, bei allem, was dein Leben ausmacht, wirst du Menschen anziehen, die auch achtsam und liebevoll mit dir umgehen wollen.

Durch das Anerkennen dessen, was ist, kannst du deine Glaubenssysteme aufdecken, also deine Überzeugungen darüber, wie das Leben funktioniert. Du kannst sie erkennen, identifizieren und – loslassen. Das lässt dich dann wahrlich die Macht über dein Leben erlangen. Du verinnerlichst nun bewusst und selbstbestimmt die Überzeugungen und Glaubenssysteme, die dich wirklich das Leben führen lassen, das du dir wünschst.

4. Kontakt mit der inneren Autorität

Auch wenn uns ein »merkwürdiges Gefühl« zum Innehalten anregen will, sollten wir dem nachgehen. Denn diese Momente bergen viel Lösungspotenzial. Sobald wir jedoch diese Warnungen in den Wind schlagen, lassen wir eine Chance auf Heilung verstreichen. Hier gilt es, die Hinweise der eigenen Autorität anzunehmen. Diese Instanz in uns wird uns immer mit Zeichen, seien sie innerer oder äußerer Natur, versorgen. Ihr Wunsch ist es, dass wir mit uns selbst in Verbindung treten. Hier ist unsere Aufmerksamkeit gefragt. Sind wir bereit, diesen Hinweisen unserer inneren Autorität Aufmerksamkeit zu schenken und innezuhalten, um mehr über uns selbst zu lernen?

Tust du das, so wirst du eine große Erleichterung spüren und eine innere Bereicherung erfahren, die daher rührt, dass du einen Teil in dir annimmst, der bislang nicht gesehen wurde.

5. Du hast die Wahl

»Es ist eben so, ich kann es nicht ändern. Ich habe keine Wahl.« Das Gefühl, in bestimmten Lebenssituationen keine Wahl zu haben, kennen wir alle. Manchmal vergessen wir einfach, dass wir immer verschiedene Möglichkeiten haben!

Doch immer dann, wenn wir bewusst Veränderungen in unserem Leben vorgenommen und uns aus einer eingefahrenen Lebensweise befreit haben, kommt das Bewusstsein, selbst entscheiden zu können, wieder in greifbare Nähe.

Bereits als Kinder und Babys erleben wir Umstände, die uns lehren, dass wir nicht allein entscheiden können. Wir lernen, dass auf unsere Bedürfnisse nicht so schnell reagiert wird, wie wir es brauchten. Trotzdem erfahren wir häufig schon kurze Zeit später Frieden, wenn unsere Bedürfnisse befriedigt sind und Stress gleich wieder gelöst wird. Passiert das nicht, kann sich das Gefühl entwickeln, keine Wahl zu haben. Möglicherweise gründen sich auf ihm in Zukunft unsere Glaubenssysteme und Überzeugungen.

Ein Beispiel: Wenn ein Kind mit seinem Papa kuscheln möchte, begibt es sich zu ihm und sucht seine körperliche Nähe. Es berührt ihn, zieht sich an seinen Hosenbeinen hoch und signalisiert durch ausgestreckte Arme seinen Wunsch, gehalten zu werden, dem geliebten Papa nah zu sein. Denn eins unserer Grundbedürfnisse ist körperliche Nähe. Durch die Körperwärme des anderen Menschen werden unsere Nervenzellen und Rezeptoren stimuliert, die uns, kurz gesagt, ein Wohlgefühl vermitteln und uns geliebt und geborgen fühlen lassen. Wenn das Kind nun vom Papa nicht hochgenommen, nicht beachtet wird, wird auch sein Bedürfnis nach Nähe nicht befriedigt. Stress entsteht. Die Botschaft dieses Stressgefühls lautet: »Ich werde nicht geliebt«, und eng verbunden damit: »Ich habe keine Wahl.« Die Gewissheit, dass das, was ich mir wünsche, auch erfüllt werden kann, bleibt aus.

Kommt nun kurz danach der Papa den ausgestreckten Ärmchen seines Sprösslings entgegen und nimmt das Kind auf, umarmt, trägt, streichelt und liebkost es, kann wahrscheinlich der zuvor gefühlte Stress wieder vollständig abgebaut werden. Das Gefühl, geliebt zu werden und selbst bestimmen zu können, macht sich wieder breit.

Begebenheiten, die uns Stressgefühle bereiten, gibt es in unserer Kindheit zahlreich. Wie gesagt: Oft kann der Stress durch darauf folgende ausgleichende Erlebnisse gleich wieder gelöst werden, sodass wir in das Bewusstsein zurückgelangen, eine Wahl zu haben.

Andere Stressoren werden nicht sofort wieder gelöst, das heißt, wir erleben stressbeladene Situationen, zum Beispiel nicht gestillt zu werden, wenn wir Hunger fühlen. Die Qual ist groß, und wir lernen: »Ich habe keine Wahl!« Und wenn wir gelernt haben, dass wir nicht wählen können, werden wir glauben, nichts mitbestimmen zu können, nichts für uns beanspruchen zu können, werden wir resigniert mitansehen, wie andere für uns Entscheidungen treffen, aus dem tiefen Gefühl heraus, ja selbst nicht wählen zu können.

In der Folgezeit wird sich unsere Erfahrungswelt aus dem bilden, was wir glauben. Aufgrund des Gefühls, keine Wahl zu haben, richten wir unsere Wahrnehmung auf »diese Wahrheit« aus. Unser Glaube, nichts ändern zu können, sorgt dafür, dass wir mit dem Filter »Ich habe keine Wahl« durch das Leben gehen und Erfahrungen anziehen, die diese Überzeugung bestätigen.

Schon zu Beginn der Pubertät fühlen wir uns dann Gleichaltrigen gegenüber nicht ebenbürtig, weil wir glauben, nichts selbst bestimmen zu können, bekümmert und gleichzeitig schuldig an allem, was so passiert. Ein nicht einzuordnendes schlechtes Gewissen überkommt uns und verunsichert uns darüber hinaus. Wenn wir Pech haben, werden weder das schlechte Gewissen noch Kummer noch Schuldgefühle gelöst. Das verhindert, dass wir uns ebenbürtig fühlen und uns von den Eltern abgrenzen und abnabeln können. Das schlechte Gewissen bleibt, und so geht es weiter …

Viele Jahre später wundern wir uns als Erwachsene, dass es Situationen gibt, die Groll bei uns auslösen, für den eigentlich gar kein Grund besteht. Groll, der uns daran hindert, Interesse für uns selbst und für andere zu entwickeln, und auch für uns und für andere einzustehen.

Die in früher Kindheit angelegte Überzeugung, keine Wahl zu haben, äußert sich in Sätzen wie diesen:

- »Ich bin eben so, ich habe nun mal ein schlechtes Gedächtnis!«
- »Ich kann es nicht ändern, ich kann mir Namen nicht merken.« oder
- »Ich konnte mich noch nie gut konzentrieren.« oder ähnlichen.

Finde heraus, wo du resignierst hast, weil du das Gefühl hast, keine Wahl zu haben! Sonst entsteht aus dem Gefühl, keine Wahl zu haben, ein uns beschränkendes Glaubenssystem.

Ein Klient kann durch eine Erinnerungsübung, die bei Three in One Concepts einen Abschnitt der kinesiologischen Sitzung bildet, Bilder in sich auftauchen lassen, die lange verschollen schienen. Hierbei wird »sichtbar«, wodurch das Gefühl, nicht wählen zu können und nicht geliebt zu sein, entstanden ist, zum Beispiel durch eine abweisende Geste des Vaters, die der Klient damals auf sich bezog.

Sobald wir Ja! sagen zu dem Gefühl, keine Wahl zu haben, und es wirklich erlauben, betreten wir emotionales Neuland. Dieses Neuland umfasst »beide Seiten der Medaille«, alle Nuancen und Qualitäten unserer Gefühle.

Im Grunde gilt auch hier wieder einmal nur:

Ja! sagen,
Ja! meinen und
das, was ist, annehmen.

»Ich habe das Gefühl, keine Wahl zu haben.«

Einatmen.
Ausatmen.
Fließen lassen.

Indem wir anerkennen, dass das die Emotion ist, die uns bewegt, kommen alle Kräfte und Gaben, die in uns schlummern, auch zur Geltung. Ganz neue Welten eröffnen sich uns, Ebenen und Aspekte in uns, die das Leben noch reichhaltiger, facettenreicher und bunter machen.

Ja!, ich kann wählen. Immer!

6. Wer A sagt, kann auch B sagen

Erlauben wir uns, das zu fühlen, so sind wir automatisch mit dem in Kontakt, was wir sein können. Wir haben nur zwischenzeitlich den Blick dafür verloren, weil wir so mit dem emotionalen Zustand zu kämpfen hatten, den wir vermeiden oder verleugnen wollten.

Doch jetzt, da wir Ja! dazu sagen, jetzt, da wir diese Emotionen annehmen, weitet sich der Blick, und alles, was zu uns gehört, bekommt auch seinen Raum. Das gilt besonders für den ersehnten Gefühls- und Geisteszustand. Mach dir das bewusst!

Solange du das Gefühl, keine Wahl zu haben, verleugnest, wirst du die Überzeugung, selbst wählen zu können, auch nicht zulassen. Willst du das eine nicht, kannst du auch das andere nicht haben. Du kannst immer nur beides anerkennen oder beides verleugnen. Vertrau darauf, dass das Annehmen all dessen, was ist, leichter ein Gleichgewicht erschaffen kann, als du denkst. Gib das Kämpfen und den Widerstand auf, erkenne deine Gefühle an. Wenn du wirklich fühlst, eroberst du deine Wahl zurück. Sobald du Ja! zum einen sagst, akzeptierst du auch das andere. Wenn du zum Beispiel »Verlustangst« fühlst und dieses Gefühl annimmst, kommt auch das Gegenteil »Sicherheit« mit in den Blick, und schon kannst du wieder wählen: Willst du Verlustangst fühlen oder in Sicherheit sein? Du wählst!

Mir hilft es in diesem Zusammenhang, zwischen emotionalen Zuständen und ersehnten Geisteszuständen zu differenzieren:

- »Ich fühle Trennung« steht »Ich bin eins« gegenüber.
- »Ich fühle, keine Wahl zu haben« steht »Ich habe eine Wahl« gegenüber.
- »Ich fühle Verlustangst« steht »Ich bin in Sicherheit« gegenüber.
- »Ich fühle Widerstand« steht »Ich bin Annahme«[4] gegenüber.

---

[4] Der Begriff »Annahme« und die übrigen einander gegenübergestellten Begriffe werden in Three in One Concepts Sitzungen verwendet. Vgl. hierzu »Das Verhaltensbarometer« der VAK Verlags GmbH Kirchzarten.

Auch wenn es im Deutschen vielleicht hier und da etwas holpert, so ist die Kraft dieser Worte doch sehr groß.

Übung 7: Gegensätzliche Gefühle

Probiere es aus! Fasse das, was du fühlst, in Worte. Zum Beispiel:

»Ja, ich fühle mich zerrissen!«

Fühle es.
Atme tief.

Dann erforsche in dir, was diesem Emotionszustand als ersehnter Geisteszustand gegenübersteht. Sprich auch das laut aus: »Ich bin eins.«

Wenn wir unsere emotionalen Zustände als »Motivatoren« begreifen, ist es viel leichter, sie anzunehmen. So gelangen wir nämlich

- von dem Gefühl, keine Wahl zu haben, zu dem Bewusstsein, eine Wahl zu haben,
- von der Trennung zum Einssein,
- von der Verlustangst zur Sicherheit,
- von der Feindseligkeit zur Begeisterung,

- vom Groll zum Interesse,
- vom Widerstand zur Annahme.

Als Folge dessen haben wir nun »Motivatoren«, die konstruktiv und lebensbejahend sind.

7. Verdrängen – Hinschauen – Annehmen

Verdrängen

Als kleine Kinder legen wir unsere Hände auf die Augen und tun so, als wären wir nicht da. Wir glauben, dass, wenn wir nichts mehr sehen, wir selbst auch nicht mehr da sind. Wenn wir nicht mehr da sind, können wir auch nicht mehr gesehen werden.

Diese Art der Verleugnung ist auch bei uns Erwachsenen häufig festzustellen: Wir tun so, als wenn etwas nicht da ist – bloß, weil wir es so wollen. Anstatt die Dinge anzuschauen und hinzusehen, verleugnen wir sie und verschließen einfach die Augen davor. Was der Bauer nicht kennt, isst er nicht; was wir nicht kennen, lehnen wir zunächst ab.

Vielleicht ist dieses Verhalten ein nützlicher Schutz in manchen Situationen, doch häufig hindert es uns einfach daran, Neues zu erfahren und Neues zu erleben.

Für einen Moment bringt uns das Erleichterung und für eine kurze Zeit vielleicht auch die Illusion, dass das, was wir nicht sehen wollen, nicht da ist. Das wird auf Dauer jedoch nicht funktionieren: Jede Art der Verleugnung oder Vermeidung von Dingen führt grundsätzlich zu nichts Gutem!

In dem Moment, in dem wir so tun, als wäre etwas nicht da, geben wir dem, was tatsächlich doch da ist, eine besondere Macht. Eine Macht, mit der sich das, was wir zu leugnen versuchen, selbstständig macht und ein Eigenleben entwickelt. Einfach durch die Energie der Verleugnung, die wir ihm, unserem wunden Punkt, angedeihen lassen, entsteht diese Macht. Sie ist nichts weiter als gebundene Energie. Damit entsteht in uns ein Eigenleben, von dem wir womöglich glauben, es nicht mehr kontrollieren zu können. Vermeidung, Ablehnung, Verdrängung und Verneinung binden Energie, führen zu Blockaden und verhindern, dass unser Leben im Fluss ist. Es ist, als befänden wir uns im Strom des Lebens und hielten uns an einem Grasbüschel oder Zweig am Ufer fest. Auf diese Weise ist es jedoch nicht möglich »im Fluss zu sein« und uns im Leben fortzubewegen.

Durch den Verdrängungsmechanismus, den wir aktivieren, gelangt das, was wir ausblenden wollen, in unser Unterbewusstsein und treibt dort seine Blüten.

Diese zeigen sich in merkwürdigen Träumen, diffusen Unwohlgefühlen, vielleicht sogar in Panikattacken oder Herzrasen. Vielleicht wachen wir nachts auf und wissen, da gibt es etwas, worum wir uns kümmern sollten. Dennoch halten uns Ablehnungsstrategien und Angst zurück; sie sorgen dafür, dass wir es immer wieder wegpacken. Das, was wir verdrängen, ins Unterbewusstsein zu schieben, nimmt mit der Zeit Gestalt an, wird zu einer Bedrohung, bindet immer mehr Energie – Lebensenergie, die wir eigentlich anderweitig sinnvoller einsetzen könnten. Von selbst wird dann nichts besser, sondern im Gegenteil immer schlimmer.

Ich lade dich ein, dich immer wieder selbst zu beobachten und mit dir in Kontakt zu kommen. Spürst du dich? Und dein Lächeln? Über die Mundwinkel hinaus, in allen Zellen? Geht es dir wirklich gut? Hast du dir einen guten Ausgleich zwischen aktiven und passiven Lebensphasen geschaffen? Bist du mit dir in Kontakt? Gibt es einen Kummer, der in dir schwelt?

Sei dir selbst gegenüber achtsam! Hilf dir selbst bei deinen Problemen, oder, noch besser, lass dir helfen! Viele wunderbare Menschen sind in deiner Nähe, die das ganz sicher können. Freunde oder professionelle Lebensbegleiter, Coachs oder Therapeuten.

Hinschauen

In dem Buch *Der wunde Punkt* von Mark Haddon[5] findet der Protagonist George eines Morgens beim Duschen an seiner Hüfte eine Hautstelle, die er so vorher nicht gesehen hat, die sich verändert und die ihm augenblicklich Unwohlsein verursacht. Damit er sie nicht sieht, klebt er ein Pflaster darauf.

Dieses Verhalten steht symbolisch für ein Ausblenden-Wollen von Fakten, die besser beachtet werden sollten. Was wir durch solche »Pflaster« alles verbergen, verheimlichen und wegwischen wollen, wird sich auf andere Weise einen Weg in unser Leben suchen.

Ja, viele von uns haben Angst davor, den Tatsachen ins Auge zu blicken, davor, das, was ist, anzuerkennen. Wir haben Angst vor der Angst und Angst vor dem Schmerz. Doch Angst und Schmerz können durch Wegschauen nicht gelöst werden, sondern nur durch Hinschauen.

Es führt zu einer Erleichterung, wenn wir anerkennen, was ist. Das stellen wir in unseren Aufstellungen der besonderen Art[6] immer wieder fest. Und auch, dass das Hinschauen etwas Entscheidendes lösen kann. Allein

---

[5] Haddon, Mark: Der wunde Punkt. Köln 2007. (Hörbuch)

[6] Systemische Aufstellung kombiniert mit kinesiologischer Arbeit.

das Hinschauen hilft oft, den sprichwörtlichen Kloß im Hals zu lösen. Die Tochter, die sieht, dass die Mutter noch an eine frühere Beziehung gebunden ist, kann durch das Hinschauen verstehen und nachempfinden. Schon beim nächsten Atemzug entwickelt sie ein friedlicheres Gefühl.

Befreie dich vom Wegschauen!
Nimm an, was ist!
Atme tief!
Mit jedem Atemzug kommt Erleichterung.

Das Ansehen dessen, was ist, kann für einen Moment emotional schwierig sein, doch bereits beim nächsten Atemzug spüren wir, dass sich etwas löst, was vorher gebannt war. Solch ein Bann bindet vor allem die eigene Lebensenergie. Du merkst, dass du dich antriebslos, schwermütig und schlapp fühlst. Der Bann bindet Menschen. Manche sind sehr lange »gebannt«, ja förmlich gefangen und können ihr Leben dadurch nicht so gestalten, wie sie eigentlich wollen.

Wenn wir es lange vermieden haben, hinzuschauen, wird es immer schwerer werden, sich dem, was ist, zu stellen. Sobald wir jedoch diesen Schritt tun und Ja! dazu sagen, wird ein Wandel erfolgen: Es wird leichter. Durch das Hinschauen wird ein Boden für Wandel bereitet. Eine Wandlung zu dem, was wir wirklich sein wollen – und können! Verwandele dich in dein bestes Ich!

Das systemische Familienstellen und die Kinesiologie sind zwei von vielen Methoden, die diesen Prozess sanft unterstützen.

Annehmen

Die Amerikaner sagen in schwierigen Lebenssituationen oft: »Deal with it!« Übersetzt ins Deutsche heißt das etwa: »Komm damit klar!«, oder: »Pack's an!« Es will sagen: »Egal, was dir passiert und was in deinem Leben geschieht, sei es noch so traurig, komm damit klar … und pack's an!«

»Deal with it« ist auch für mich seit einiger Zeit neue »Medizin«. Das Motto bedeutet für mich, das Leben bewusst pragmatisch anzugehen. Unsere Lebenssituation passt sich unserer Haltung gegenüber dem Leben an. Mit dem Leben umzugehen bedeutet, sich dem zu stellen, was um uns herum geschieht, und das, was erforderlich ist, zu tun. Es bedeutet, den Kopf aus dem Sand zu ziehen, die Augen zu öffnen und mutig zu sein! Mutig dem gegenüber, was da ist. Es heißt, Entscheidungen zu treffen und das Beste daraus zu machen! Nimm mein »Deal with it« als Codewort, quasi als lieb gemeinte Anweisung in schwierigen Situationen: Deal with it! Komm damit klar, pack's an! Ja!

Auch hier geht es darum, sich dem Lebensstrom mit all seinen Überraschungen, die er für uns bereithält, hinzugeben, ohne Ablehnung, Vermeidung und Widerstände anzunehmen, was ist. Wenn ich mich auf allen Ebenen meines Seins dem Lebensstrom hingeben kann, lasse ich mich durch das Leben bereichern und nähren.

Das kann bedeuten, dass ich bewusst auf das Geschmeidige und Weiche, das Biegsame in mir achte. Ich stelle mir vor und fühle, wie Lebensenergie zu mir kommt und durch mich fließen kann. Sei nicht steif und unbiegsam, sondern weich! Sei nicht verspannt, sondern hingebungsvoll! Widerstandslos zu sein bedeutet hier, anzunehmen, sich zu öffnen für das, was kommen wird.

Ein Festhalten an altem Schmerz oder Groll ist nicht notwendig, denn tief in deinem Innern weißt du, dass du immer versorgt wirst. Alles Leben, das zu dir kommen kann, durch dich hindurchfließen und aus dir hinausfließen kann, ist wie ein lautstarkes Ja! zur Lebensenergie. Sag: »Herzlich willkommen, durchströme mich, und ströme weiter.« Diese Lebenshaltung ist mehr denn je Hingabe an alles, was ist.

II. Verdrängte Persönlichkeitsanteile integrieren

Eine Möglichkeit, zu dir selbst Ja! zu sagen, liegt darin, deine inneren Anteile anzunehmen. Als innere Anteile bezeichnet man die verschiedenen Rollen, die wir während unseres Lebens spielen. Da sind zum Beispiel das innere Ungeborene, der Säugling, das Kind, die/der Jugendliche, die/der junge Erwachsene, die innere Frau oder der innere Mann. Darüber hinaus gibt es weitere Anteile, zum Beispiel Archetypen wie Held, Engel oder Weiser.

Die Auseinandersetzung mit ausgegrenzten inneren Anteilen kann eine erhebliche Anstrengung bedeuten. Solltest du dich dafür entscheiden, empfehle ich dir, auf jeden Fall eine professionelle Begleitung in Anspruch zu nehmen, wenn du noch nicht darin geübt bist. Dieser Weg stellt nur eine der möglichen Arten des »Wieder-in-Balance-Kommens« dar. Doch sobald wir damit begonnen haben, diese ausgegrenzten Anteile wieder zu uns zu nehmen und mit uns innere Dialoge zu führen, wird es immer leichter sein, zu ermitteln, welche Teile in uns gerade Aufmerksamkeit benötigen.

1. Das innere Baby

Gehen wir davon aus, dass alle Lebensphasen, die wir je durchlaufen haben, uns zu dem gemacht haben, was wir heute sind. Wir können von Anfang an Erfahrungen sammeln. Bereits als ungeborene Menschen sind wir in der Lage, über unser instinktives Selbst Eindrücke zu speichern.

Mit inneren Anteilen sind hier also auch die Teile gemeint, die einer früheren Lebensphase entsprechen. Es kann also sein, dass wir ein inneres Baby »in uns tragen«, das bestimmte Stressgefühle, die zum Beispiel bei einer Frühgeburt und dem, was darauf folgte, entstanden sind, noch nicht verarbeitet hat. Diese Stressgefühle können sich dann noch heute bemerkbar machen. Oft ist ein sonst unerklärliches Verhalten auf so eine lange zurückliegende Erfahrung zurückzuführen. Wenn wir uns jetzt mit unseren Anteilen befassen, kann es sein, dass der innere Säugling sich lautstark zur Wehr setzt. Vielleicht will dieser Teil gehalten und gewiegt werden, vielleicht will er gestillt werden, vielleicht will er einfach in den elterlichen Armen ruhen.

Hast du bereits gelernt, mit deinen Emotionen zu arbeiten und dich zu bejahen, wird die Kontaktaufnahme immer leichter werden. Möglicherweise wird dabei eine große Menge an zurückgedrängten Emotionen freigesetzt. Kinesiologen, die nach Three in One Concepts arbeiten, sind mit guten Methoden vertraut und können dich so sanft und leicht dabei begleiten.

Wenn sich aber das innere Baby meldet und wir Ja! zu diesem Teil von uns sagen, geschieht eine Wandlung. In dem Moment, in dem wir uns dem inneren Anteil zuwenden, der gerade leidet, erlauben wir unserem ganzen Selbst, gesehen und gehört zu werden. Wird dieser innere Teil angeschaut, hört er auf zu leiden. Dieser Teil braucht nicht mehr zu leiden. Warum auch? Dein innerer Säugling fühlt sich nun gesehen und angenommen.

Er wird wie ein verstoßenes Kind zu uns zurückgeholt. Und wir werden ganz!

In der Antwort auf die Fragen »Was fühlst du?« und »Was brauchst du?« liegt oft der Schlüssel für inneren Ausgleich, für Balance.

Machen wir uns nun zu diesem Zeitpunkt ein Bild davon, was wir brauchen, und halten wir dann gleichzeitig Stirn und Hinterkopf, kann unser inneres Baby zur Ruhe kommen. Ein wesentlicher Teil von unserem Selbst wird versöhnt.

Wenn du nicht gewohnt bist, gesehen, gewürdigt und gehört zu werden, kann bei diesem Prozess etwas aufbrechen und sich in starken Gefühlen Ausdruck verschaffen. Auch diese aufkommenden Gefühle können und sollen sanft und liebevoll bejaht werden. Auch sie dürfen sein!

Stelle dir vor, dass das Baby jetzt das bekommt, was es am meisten braucht. Sei für einen Moment ganz das Baby, dessen Bedürfnisse erfüllt werden!

2. Das innere Kind

Wenn etwas schmerzt und wir stellen fest, dass dieser Schmerz von einer alten Wunde aus unserer Kindheit rührt, kann es eine beruhigende Wirkung haben, mit dem verletzten Kind in uns Kontakt aufzunehmen.

Nimm den kleinen Bernhard, die kleine Ruth oder wie auch immer du heißt, in dir an, sieh ihn/sie, fühle ihn/sie, erlaube ihm/ihr, sich so zu fühlen, wie ihm/ihr zumute ist, und sag nicht wie gewohnt: »Reiß dich zusammen, ist schon nicht so schlimm.« Möglicherweise ist es doch schlimm für dieses Kind. Das Gefühl des Kindes möchte auch gerne anerkannt werden. Auch hier geht es oft um die Würdigung der verbannten Gefühle.

Bannung, wie schon zuvor beschrieben, geschieht durch das Nicht-wahrhaben-Wollen, durch das Einfrieren der Gefühle. Häufig spalten wir ein ungeliebtes oder unangenehmes Gefühl, zusammen mit dem schreienden Kind in uns ab. Doch das ändert nichts daran, dass es da ist, es lebt einfach weiter in der Verbannung. Ein Teil von uns fehlt. Und weil dieser Anteil fehlt, wird verhindert, dass wir zu voller Größe heranwachsen können. Sagen wir nun Ja! zu diesem verbannten Teil in uns, so setzt sich ein Mechanismus in Bewegung. Sicher wird uns eine Flut intensiver Gefühle überkommen, und wir spüren, dass wir einer Wiedervereinigung unseres Selbst nahe sind. So in etwa kann es sein, wenn wir einen lange verschollenen geliebten Verwandten wieder in unsere Arme schließen. Nur ist es in diesem Fall das »verstoßene« Kind, das wir wieder nach Hause kommen lassen.

Auch hier ist die Visualisierung ein hilfreiches Instrument: Stell dir vor, wie du jetzt, als die- oder derjenige, der du jetzt bist, dein inneres Kind ansiehst. Nimm es wahr, sieh es, schau es an, und zeige ihm, dass es willkommen ist bei dir, mit allem, was es ausmacht! Nimm dir Zeit dafür! Und dann, wenn du so weit bist, wechsele deine Perspektive, und erkunde, wie du dich mit deinem inneren Kind anfühlst. Wie ist es für dich, gesehen zu werden? Wie ist es, mit all deinen Gefühlen angenommen und willkommen zu sein? Nimm dir auch dafür Zeit.

Dann lass die/den Große/n in dir dein inneres Kind fragen: »Was brauchst du im Moment?« Ich vermute, dass dein inneres Kind auf deinen Arm oder auf deinen Schoß möchte, sich ankuscheln und sich für ein paar Momente geborgen fühlen will, sich anlehnen möchte an die/den Großen. Tanke dich auf, nähre dich an der Geborgenheit, die jetzt für dich da ist, und sei sicher, dass du nun wieder gut aufgehoben bist. Sag Ja! zu dem Kind in dir, und freue dich, dass du es zurückgewonnen, zurückerobert, zurück »nach Hause« geholt hast. Nun kann es sein, dass dein Kind in dir satt ist und – wieder spielt! Denn Kinder, die gesehen und gewürdigt werden als das, was sie sind, spielen.

Übung 8: Trost

Solltest du das Gefühl haben, Trost zu brauchen, kann es sein, dass es gar nicht dein jetziges Ich ist, das getröstet werden will. Oft ist es das innere Kind, das sich meldet.

Frage dich deshalb, welcher Teil in dir Trost braucht. Ist es das innere Baby, das innere Mädchen, der innere Junge? Was auch immer es ist, frage es, was es sich wünscht. Zum Beispiel:

- in den Arm genommen zu werden,
- an der Hand gehalten zu werden oder
- umarmt zu werden.

Eine tröstende und unterstützende Geste kann auch hier das aus der Kinesiologie bekannte Stirn- und Hinterkopf-Halten sein.

3. Der Teenager

Wir lösen uns aus der Kindheit und geraten in einen Reifeprozess, sowohl körperlicher als auch seelischer, geistiger, emotionaler und mentaler Natur. Dieser Prozess ist wie eine Häutung, eine komplette Wandlung. Haben wir sie überstanden, können wir uns zu Recht Erwachsene nennen. Die Pubertät hat es in sich: Allein im Gehirn werden so viele Veränderungen »vorgenommen«, dass wir in dieser Zeit nicht mehr wirklich »normal« zu sein scheinen. Wir ecken überall an und distanzieren uns von unseren Eltern – nicht selten auf sehr raue Art und Weise. Doch schon im nächsten Moment wissen wir nicht mehr, was in uns gefahren ist, und sind über den Zorn unserer Erzeuger todtraurig, denn so haben wir das ja nicht gewollt. Diese Lebensphase ist ein großes Wechselbad der Gefühle. Was für ein Prozess! Ist das gut, wenn er vorbei ist!

Nun, was ist übrig geblieben von den Jugendlichen in uns, die sich in dieser Zeit so brutal und erfolgreich von ihren Eltern abgenabelt haben? Vielleicht ist das ja nicht in aller Konsequenz geschehen, und es sind Teile des »Rebellen« immer noch in uns. Die machen sich dann bevorzugt bemerkbar, wenn wir mit Ungerechtigkeiten konfrontiert werden oder wenn wir uns von anderen gegängelt fühlen.

Menschen, die noch immer diesen rebellierenden Jugendlichen in sich tragen und sich nicht vollständig abgenabelt haben, erkennen sich selbst daran, dass es für sie nicht einfach ist, mit Jugendlichen umzugehen. Vielleicht geht es sogar so weit, dass sie überhaupt kein Verständnis für das trotzige Verhalten von Jugendlichen haben, selbst jedoch gern in unangenehmen Situationen in trotziger Haltung, mit verschränkten Armen und gekreuzten Beinen dasitzen und schweigen.
Wie können wir nun diesen inneren Aspekt von uns in die Arme schließen, wenn der doch so garstig ist? Die jugendlichen Anteile in uns mögen es womöglich trotzdem, in den Arm genommen zu werden. Auf jeden Fall

wollen sie gewürdigt und als ebenbürtig wahrgenommen und vielleicht, je nachdem, an die Hand genommen werden – wenn auch nur sinnbildlich.

Ja, auch dieser Teil in uns will und darf ein lebendiger Teil von uns sein und muss sich nicht mehr durch die Hintertür hereinschleichen, sondern darf als nun integrierter Anteil unser gegenwärtiges Leben bereichern.

Auch du bist ein Mensch mit vielen verschiedenen Facetten und kannst alles aus dir schöpfen, was du brauchst, und ausleben, was du bist: Engel, Geliebter, Mama/Papa, Kind. Dadurch kannst du jedem Teil von dir seinen Frieden bringen. Es gilt, einfach anzuerkennen, dass wir mehrere innere Anteile in uns tragen, die uns bereichern und ergänzen. Die Anerkennung dieser inneren Anteile unterstützt uns darin, zu erkennen, wie vielschichtig, macht- und lichtvoll wir sind. Trau dich, deine Vielschichtigkeit kennenzulernen! Identifiziere deine inneren Anteile! Sei dir des Lichtes bewusst, das du warst, das du bist und das du immer sein wirst! Des Lichtes, das sich aus der einen großen Quelle löst, um in das irdische Leben zu kommen.

Übung 9: Affirmationen

Im neunten Kapitel des *Master Key System* von Charles F. Haanel wird die Geschichte von dem Jungen Frederick

Andrews erzählt, den die Ärzte wegen seiner Verkrüppelung aufgegeben hatten.

Dieser Junge jedoch will, trotz aller negativen ärztlichen Prognosen, leben, gesund und ganz sein. Er formuliert sich folgenden Satz: »Ich bin ganz, perfekt, stark, mächtig, liebevoll, harmonisch und glücklich«[7], und betet, spricht diesen Satz täglich tausendfach, immer und immer wieder.

Der Junge wuchs zu einem Mann heran, gesund, kraftvoll und erfolgreich. Diese Affirmation kann auch dich bereichern, deshalb erzähle ich davon.

Diesen kraftvollen Satz habe ich mit meinen Kinder-Mentaltrainingsgruppen gesprochen und gesungen, eingeübt, besprochen, habe mit ihnen herausgefunden, was er bedeutet, ihn gemalt und mit Gesten ausgedrückt. Der Satz wurde eine lebendige, dynamische, farbenfrohe Gestalt, die wir einladen konnten, unser Leben zu bereichern.

Sag auch du diesen Satz einmal laut, wiederhole ihn einige Male, und spüre, wie sich diese Wahrheit in deinem Körper ausbreitet. Nun stell dir vor, was passiert, wenn

[7] Haanel, Charles F.: Das Master Key System. Unterwössen 2007, S. 72.

du diesen Satz mit deiner Familie täglich aussprichst – immer wieder – und ihn weitergibst, anderen Menschen sagst. Und vielleicht erfindest du eine Melodie, mit der sich diese Affirmation singen lässt. Probiere es aus!

Viel Freude!

III. Die eigene Geschichte annehmen

Jede Geschichte ist einzigartig und besonders. Hier und da gibt es vielleicht Ähnlichkeiten mit anderen Geschichten, doch der Verlauf unseres Lebens, unsere Herkunft und unsere Prägungen machen uns einzigartig. Wir reagieren auf sehr individuelle Weise auf das, was uns durch Erziehung und Vorbilder vorgegeben wird. Wie wir mit all dem, was uns prägt, umgehen, ist bei jedem anders. Wenn wir zu allem Ja! sagen können, auch zu unserer Geschichte, nehmen wir die ganze Kraft, die universelle Energie an, die uns zur Verfügung steht. Entscheidend für das Ja! in deinem, meinem, unserem Leben ist also das Annehmen – auch der eigenen Geschichte!

1. Versöhnung mit den Eltern

Beginnen wir mit unseren Eltern. Wenn wir in Liebe und Zuneigung empfangen worden sind, könnte es sein, dass es für uns leichter ist, unsere Eltern und uns selbst anzunehmen. Wie wir bei vielen systemisch und familientherapeutisch arbeitenden Fachleuten erfahren, ist unsere Herkunft und der Frieden, den wir mit unseren Eltern schließen, entscheidend dafür, wie kraftvoll wir in den eigenen Schuhen stehen.

Unsere Vorfahren, unsere Ahnen sind vergleichbar mit dem tiefen Wurzelwerk von Bäumen. Sie stellen die Wurzeln für unser Leben dar. Uns dieser Wurzeln bewusst zu sein, sie anzunehmen, kann uns als beste Lebensgrundlage dienen und ermöglicht uns, weit und hoch hinauszuwachsen. Mit den Füßen auf der Erde, mit dem Kopf im Himmel. Verbunden mit Mutter Erde und Vater Himmel, sicher im Jetzt.

Seit vielen Jahrhunderten und in vielen Kulturen ist es so, dass sich natürlicherweise die Mädchen ab der Geschlechtsreife zunehmend an der Mutter orientieren und die Frauen unter sich bleiben. Die Söhne eifern den Vätern nach, und auch die Männer bleiben unter sich. Väter und Söhne, Mütter und Töchter: Der Sohn folgt dem Vater, die Tochter der Mutter – so ist es heute noch in ländlichen Nachbarschaften: Haben sich erst mal alle begrüßt, sitzen Frauen bei Frauen und Männer bei Männern.

Vaters Tochter und Mutters Sohn sind ebenfalls wichtige Rollen. Auch sie beschreiben ein ganz besonderes Verhältnis. Wie oft schon haben wir mitbekommen, dass

Kinder den andersgeschlechtlichen Elternteil heiraten wollten. Vielleicht ging es dir genauso.

Beide Elternteile anzunehmen und in Frieden mit ihnen zu sein ist daher ein großer Schatz, die beste Grundlage für ein gesundes kraftvolles Selbstbild und eine hilfreiche Basis für das Leben, die Partnerschaft und das Gründen einer eigenen Familie.

Ja! zur Mutter ist Versöhnung mit der weiblichen Seite der Familie. Das bedeutet, die weibliche rezeptive, nährende und verbindende Seite in sich selbst anzunehmen. Bei einer Frau heißt es zudem, frei zu sein, unser Frau-Sein so zu gestalten, wie wir möchten.

Die Versöhnung bietet die Chance auf eine Verbindung mit der mütterlichen Linie. Daraus erwächst eine Freiheit, die Raum gibt für Individualität. Bevor wir jedoch unsere Individualität leben können, ist es sehr förderlich, wenn wir unsere Ahninnen anerkennen. Wenn wir bei uns angekommen und mit unseren Ahnen verbunden sind, eröffnet sich uns ein tiefes Wissen. Wir sind geborgen und frei, die Person zu sein, die wir sind. Wir haben nun so viel Wohlwollen im Rücken, das uns Vertrauen schenkt!

Meine Mutter hat eine ruhige und gütige Art. Sie ist der sichere Hafen, zu dem wir alle immer wieder zurückkommen. Sie ist Zuhause, Nahrung und Geborgenheit in einem und mit all ihren Macken bestmögliche Mutter der Welt. Sie hat vielleicht nicht immer aus ganzem Herzen meine Wege befürwortet, doch hat sie mir letztendlich immer das Gefühl gegeben, von ihr unterstützt und gestärkt zu werden. »Wenn du meinst, du musst das tun, dann musst du das tun. Du machst ja eh, was du willst.« DANKE!

Ja! zum Vater ist Versöhnung mit der männlichen Seite der Familie. Hier geht es darum, den männlich manifestierenden, aktiven, produktiven, kämpferischen Aspekt in sich selbst anzunehmen.

Aber gerade wenn ich hier im Geiste alle meine männlichen Freunde und Klienten durchgehe, fallen mir auf Anhieb nur schwierige, nicht geklärte Vater-Sohn-Beziehungen ins Auge. Doch auch mit dem Vater ausgesöhnt zu sein, ist von höchster Bedeutung! Also werde ich von meiner Versöhnung mit meinem Vater erzählen.

Es gibt drei besondere Erlebnisse, an denen ich dich teilhaben lassen möchte. Schon als Kind hatte ich das Gefühl, von meinem Vater kontrolliert zu werden und keinen Platz für meine Ideen und für mich zu haben. Auch während meiner Pubertät verstanden wir uns oft nicht. Als Achtzehnjährige verließ ich deshalb den Hof und blieb, bis auf wenige kurze Besuche bei meiner Familie, recht lange weg.

1. Schon ein Jahr später befand ich mich als Auszubildende in einer recht gefährlichen Situation. Doch mein Vater rettete mich daraus! Damit hat er natürlich ordentlich Pluspunkte bei mir gesammelt, und die vielen Auseinandersetzungen aus meiner Teenagerzeit konnte ich verzeihen und vergessen. Auch er war sichtlich froh, dass ich der Situation wohlbehalten entkommen war. Mein Vater war mein Retter: Ein besseres Erlebnis für den ersten »Friedensschluss« mit ihm hätte es gar nicht geben können! Dieses Erlebnis wirkt bis heute bei mir. Und ich bin dankbar.

2. Fünf Jahre später brachten mich meine Eltern zum Flughafen, da ich nach Hongkong fliegen wollte, um dort eine Beschäftigung anzutreten. Wie lange ich fortbleiben würde, konnte und wollte ich nicht sagen. Meine Antwort war schlicht: »So lange bis ich Erfolg habe.« Die Ungewissheit machte uns allen den Abschied schwer. Meine Mutter erzählte mir Jahre später, dass dies für sie eine sehr schwere Zeit war.

Was wir Kinder unseren Eltern alles zumuten und wir Eltern alles bereit sind auszuhalten! Hut ab, vor allen Eltern!

Als ich dann anderthalb Jahre später zurückkam, erfolgreich zwar, aber vollkommen geschwächt, entließ sich mein Vater selbst auf eigene Verantwortung aus dem Krankenhaus und fuhr mit meiner Mutter zum Flughafen, um mich selbst abholen zu können. Das war unaussprechlich schön! Was für ein Glück, welch eine Freude und was für ein Elternliebesdienst! Ich verstand noch mehr, wie wichtig ich meinem Vater war.

3. Wieder einige Jahre später besuchten meine Eltern mich an meinem damaligen Arbeitsplatz. Als sie wieder abgereist waren, fand ich im Schulungsraum einen Zettel meines Vaters, auf den er mit zackiger Handschrift geschrieben hatte, dass er und meine Mutter sehr stolz auf mich sind.

Ist es nicht das, was wir Kinder von unseren Eltern ersehnen, dass sie endlich stolz auf uns sind? Für mich war es so, und ich erkannte, wie viel ich in meinem Leben bewusst oder unbewusst getan hatte, um das zu erreichen. Selbsterkenntnis können wir durch eine Versöhnung mit den Eltern erlangen. Ich bin dankbar, dass ich noch zu seinen Lebzeiten Frieden und Versöhnung mit meinem Vater gefunden habe.

Natürlich hat sich unbewusst die Geschichte meiner Eltern auf meine Entwicklung, auf meine Beziehungsfähigkeit ausgewirkt, doch spätestens als Erwachsene, habe ich mich als eigenverantwortlich für mein Leben betrachtet. Während meiner kinesiologischen und systemischen Ausbildung habe ich mich auch so manches Mal mit meiner frühen Kindheit befasst. Das gelang mir immer mit Respekt und Achtung meinen Eltern gegenüber.

Ein Satz, den ich dabei für mich entdeckt und später häufig verwendet habe, lautet: »Das hat keiner so gewollt!« Keiner wollte dir etwas zuleide tun. Es hat niemand beabsichtigt, dass du leidest.

Was immer wir erlebt haben, was bei uns schmerzliche Gefühle oder Ängste verursacht hat – es hat sicher niemand beabsichtigt, dass wir uns so fühlen. Das für sich anzunehmen macht es einfacher, aus dem Zorn herauszufinden und unsere gebundenen Emotionen, Gefühle, die mit einer Geschichte einhergehen, zu befreien. Dann ist es oft leichter, den gewünschten Geisteszustand zu erreichen.

Heute weiß ich, dass dieser Prozess noch sanfter und leichter vonstatten gehen kann – jeder von uns entscheidet selbst, wie sanft oder hart, wie schwer oder leicht die Versöhnung mit der eigenen Geschichte ist. Manchmal ist es hilfreich, etwas zu verstehen, die Zusammenhänge zu erkennen, doch ich bin davon überzeugt, dass es oft auch genügt, ganz einfach aus vollem Herzen Ja! zu unserer Geschichte zu sagen. Ja! Ja!, das macht mich aus. Ja!, so wurde ich geprägt. Denke immer daran: Alles hat sein Gutes! Alles!

Ja! zu unseren Eltern zu sagen bedeutet, dass wir das, was wir von ihnen für unser Leben geschenkt bekommen haben, annehmen und achten. Möglicherweise fühlst du dich jetzt ermutigt, wenn du es nicht ohnehin schon getan hast, herauszufinden, was das alles ist. Nun, vor allem ist es dein Leben! Deine Eltern haben dir dein Leben geschenkt! Nimmst du es an? Machst du das Beste daraus? Ja! heißt, unsere Eltern anzunehmen, wie sie sind. Dieses Ja! kann eine Herausforderung sein. Doch auch diese kann leicht mit Ja! gelingen.

Wenn meine Tochter heute sagt: »Oh Mama, bist du peinlich!«, muss ich mittlerweile breit grinsen, denn von ihrer Warte aus hat sie ja recht! Als Heranwachsende kann sie mich nur peinlich finden, da ich ja in keiner Weise darauf achte, ihren Maßstäben des »Cool-Seins« gerecht zu werden. Es sind also die eigenen Maßstäbe, die wir bei anderen anlegen. Wenn uns das einmal bewusst geworden ist, verstehen wir auch, wie unsinnig es ist, das zu tun.

Die Maßstäbe, die Anforderungen, die ich definiert habe, sind doch nur meine eigenen. Kein Mensch außer mir muss denen gerecht werden. Also kann ich sie im Umgang mit anderen direkt zur Seite schieben und diese anderen Menschen, die Eltern eingeschlossen, unabhängig davon betrachten.

Wenn uns das gelingt, erfahren und lernen wir viel mehr von dem anderen als zunächst vermutet. Es ist etwas sehr Kostbares, was wir uns selbst zum Geschenk machen, wenn wir unsere Art zu denken und zu leben »bei uns« lassen. Denn dann können wir mit freiem

Blick und klarer Sicht den anderen wahrnehmen und neue Seiten an ihm entdecken.

Nur weil ich oft schnell und zügig meine Aufgaben erledige, muss diese Verhaltenform noch lange nicht für alle gelten. Ist es nicht wunderbar, wenn wir jemanden in der Nähe haben, der uns »Schnellen« die Möglichkeit des Innehaltens aufzeigt? Und ist es nicht wunderbar, wenn wir neue Wege entdecken, indem wir für andere Herangehensweisen offen sind? Wir machen uns dadurch in jedem Fall ein Geschenk und bereichern unser Leben! Ja!, du darfst sein, wie du willst, und ich darf sein, wie ich will! Ich nehme dich an – so wie du bist.

Was ist nun aber beispielsweise mit den leiblichen Eltern, die nie da waren, weil sie uns zur Adoption freigegeben hatten? Wie sehr sind wir bereit, trotzdem unsere Geschichte zu betrachten, ohne sie als »gut« oder »schlecht«, »leicht« oder »schwer« zu bewerten? Gelingt es uns, sie einfach zu betrachten als die, die sie ist, und zu sagen »Ja, so war das! Ja, so ist das. Das ist die Erfahrung die ich gemacht habe. Das gehört zu meinem Schicksal.«?

Vielleicht ist das Annehmen der eigenen Geschichte für die von uns, die eine besondere Herkunft haben, die nicht mit ihren Eltern aufgewachsen sind oder die schon früh die Trennung von einem Elternteil erlebt haben, eine noch größere Herausforderung. Vielleicht aber auch nicht. Möglicherweise ist genau deine Geschichte die Geschichte, die deine Seele ausgewählt hat …

2. Wir wählen unser Schicksal

In einer Sitzung mit einer Klientin kam zutage, dass sie per Kaiserschnitt zur Welt gebracht worden war. In einer ihrer kinesiologischen Sitzungen kam sie noch einmal in Kontakt mit den Schockgefühlen, die es auslöste, ohne Vorwarnung ihrer Mutter aus dem Bauch gerissen zu werden. Das Gefühl, das sie erinnern konnte, war Entsetzen darüber, einen Weg gehen zu müssen, den sie nicht gewählt hatte. Sie fühlte sich in diese Entscheidung nicht eingeweiht, für sie geschah daher alles scheinbar grundlos. Sie empfand, dass sie nicht allein auf die Welt kommen durfte.

Diese Erinnerung ließ sie verstehen, warum sie immer so kraftvoll und beharrlich auf ihrem Weg bleiben konnte. Sie war, sobald sie sich einmal zu etwas entschlossen hatte, nicht von ihrem Weg abzubringen. Eine solche Entscheidung brachte sie mit ungeheurer Kraft voran, sodass sich auch wirklich niemand traute, sich ihr in den Weg zu stellen. Aufgehalten oder von etwas abgehalten zu werden war ihr ein Gräuel. In dieser frühen Kindheitserinnerung fand sie die Erklärung, den Grund dafür, dass sie so empfindlich reagierte, wenn sie das Gefühl hatte, jemand wolle sie aufhalten!

Ihre nun verstandene Geburtsgeschichte kann sie als Geschenk annehmen, denn diese Erfahrung lässt sie beharrlich, eindeutig und gradlinig ihren Weg gehen. Durch das Lösen des emotionalen Stresses der zuvor an diese Geburtserfahrung gebunden war, gelingt dies mittlerweile auch mit mehr Milde und Sanftmut.

Wir haben uns bereits vor unserer Geburt dazu entschieden, ein Leben auf der Erde zu führen. Wir haben beschlossen, bestimmte Erfahrungen zu machen und bestimmte Aufgaben zu erfüllen. Wir haben uns selbst dafür entschieden – und es dann wieder vergessen.

Wie ist es, per Kaiserschnitt auf die Welt zu kommen? Wie ist es, als Adoptivkind aufzuwachsen? Wie ist es, die eigene Tochter zum Vater ziehen zu lassen? Wie ist es, die Erfahrung einer schweren Krankheit zu machen? Sobald wir anerkennen, dass wir diese Erfahrung machen woll(t)en, und dann in diesem Bewusstsein einfach nur Ja! dazu sagen, kann das Leben einfacher und leichter werden. Es mag sein, dass diese Erkenntnis bei einigen von uns nur dazu führt, dass sich ein großes friedliches, wissendes Gefühl in uns ausbreitet. Manche von uns können durch die Annahme dessen, was ist, aber auch ihr Leiden beenden, endlich richtig trauern und sich dann dem Leben neu zuwenden. Manche von uns lenken endlich den Fokus fort von dem, was sie alles erreichen wollen, und hin auf den entscheidenden Moment, in dem Leben und Sein stattfinden, das Jetzt!

Wenn wir unsere Geschichte, mit allen daran Beteiligten, bejahen können, sie als großes Gewebe betrachten, hergestellt aus vielen verschiedenfarbigen Garnen – hier ein türkisfarbener Seidenfaden, dort ein sandfarbener Wollfaden –, bedeutet das Glück. Dann sehen wir unsere ganze Geschichte als Gewand, das von uns erzählt.

Anfang der 90er-Jahre lebte und arbeitete ich in Berlin. Für eine Kontrolluntersuchung suchte ich dort einen Arzt auf. Ich saß auf der Liege, er tastete meinen Bauch ab und stellte fest: »Sie kommen aus Westfalen!« Irritiert fragte ich: »Wie meinen Sie das?« – »Sie sind Westfälin, das sehe ich an Ihrem Knochenbau, so große und schwere Knochen kommen aus Westfalen.«

»Na super«, dachte ich, »meine Herkunft ist unverkennbar, mein Arzt kann sie sogar an meinem Körperbau erkennen. Ja, ich stamme aus einer alteingesessenen Bauernfamilie aus dem wunderschönen Münsterland in Westfalen. Meine Familie und ich zeichnen sich durch Größe, sowohl horizontaler als auch vertikaler Art aus, durch große breite Füße und Hände. Zierlich erscheinen meine Schwester und ich nur, wenn wir neben unseren Brüdern stehen.«

Doch auch hier gilt es, anzunehmen …

3. Unsere Kinder annehmen

Wenn wir Ja! zu uns sagen können und uns annehmen als die einzigartigen Wesen, die wir sind, ist es auch einfacher, unsere Kinder anzunehmen und später an das Leben freizugeben. Ja! zu unseren Kindern zu sagen bedeutet, ihnen den Freiraum zu gewähren, so zu sein, wie sie veranlagt sind.

Oft passiert es, dass unsere Kinder die Anteile von uns widerspiegeln, die wir ablehnen. Eine gute Methode, mit der wir diesen Aspekten näherkommen können, ist es, uns zu beobachten, auf welche Verhaltensweisen wir genervt oder gereizt reagieren. Häufig, eigentlich fast immer, können wir von unseren Kindern lernen. Identifiziere das, was dich nervt – zum Beispiel: »Mein Sohn ist so unkonzentriert.« – und frage dich dann, ob du diese Eigenschaft von dir selbst kennst. »Er ist total bockig und lehnt alles ab!« – Kennst du das von dir?

Vielleicht ist dein Kind still und zurückhaltend, spielt gern und viel für sich allein und hat kaum Freunde. Beunruhigt dich das? Hast du Angst davor, dass dein Kind unbeliebt ist und ein Einzelgänger wird? Was spricht gegen Einzelgänger? Auf unserem schönen Planeten Erde gibt es so viele verschiedene Typen – und dazu gehören die Draufgänger genauso wie die Einzelgänger, die Platzhirsche genauso wie die Powerfrauen. Alles darf sein! Denn die Vielzahl von Typen ist es, die unsere Welt so schön bunt macht.

Sobald wir in Frieden sind mit uns als der oder die, die wir sind, ist es leicht, alle anderen auch anzunehmen als die, die sie sind. Und für unsere Kinder ist das ein besonderer Schatz! Wenn wir ihnen schon in Kindertagen vermitteln, ihnen zeigen können, sie fühlen lassen: »Du bist einzigartig, großartig und vollkommen perfekt, so wie du bist, mit allem, was dich ausmacht.«, dann begleiten wir die Menschen, die einst unsere Zukunft in ihren Händen halten, bestmöglich! Auch hier empfehle ich die Affirmation, die ich auf Seite 98 angesprochen habe.

Übung 10: Stärke dein Kind

Stell dir vor, wie du zu deinem Kind sagst: »Du bist ganz, perfekt, stark, mächtig, liebevoll, harmonisch und glücklich!« Sag den Satz laut, wiederhole ihn einige Mal und spüre, wie sich diese Wahrheit in deinem Körper ausbreitet. Nun stell dir vor, was passiert, wenn du diesen Satz in Bezug auf deine Familie täglich aussprichst. Immer wieder!

Freue dich an deinen Kindern! Freue dich an ihrer Einzigartigkeit! Freue dich, dass sie dir zeigen, was es bedeutet, Kind zu sein! Lerne von ihnen und ihrer Unvoreingenommenheit! Sage Ja! zu deinen Kindern! Sage Ja! zu ihrer besonderen Entwicklung.

Denke daran, dass aus ihnen Leute werden. Eines Tages, es geschieht ganz plötzlich, hast du es mit einem Menschen zu tun, der dabei ist, die Kindheit hinter sich zu lassen. Ein Mensch, der sich aus der Kindheit schält, um sich als junger Erwachsener wiederzufinden. Diese Häutung, Schälung, Findung bringt möglicherweise viele Irritationen mit sich. Akzeptiere, dass dein Kind kein Kind mehr ist. Nimm es an, sag Ja! dazu, dass es sich weiterentwickelt und eine andere Behandlung braucht als ein (Klein-)Kind. Es kann sein, dass wir uns diese Zeit selbst schwer machen, indem wir verleugnen, dass unsere Kinder keine Babys mehr sind. Hier sind wir gefragt, die Verantwortung für unser Kind nach und nach immer mehr abzugeben.

Es freizugeben bedeutet, eine Anbindung aufzuheben, unser Kind zu ermächtigen, den eigenen Weg zu gehen. Ja!

Teil 3: Ja! zu allen Ebenen des Seins

I. Körper

1. Nimm deinen Körper an!

Beginne damit, deinen Körper anzunehmen, wie er ist! Nicht so gerne? Ach, die Nase ist zu groß, die Beine zu kurz? Die Hüften zu ausladend? Zu viele Augenfalten, die Haut zu trocken, die Augen zu schräg? Die Haare zu dunkel, zu grau? Ja, was denn jetzt? Was bedeutet denn »zu«? Zu viel? Zu wenig? Woran gemessen?

Einzigartigkeit, was unseren Körper betrifft, wird in der öffentlichen Gesellschaft nicht wirklich favorisiert. Die Konfektionsgrößen veranlassen uns, uns als abnorm, als jenseits der Norm zu betrachten. Darüber hinaus wollen die verschiedenen Firmen, die im Auftrag der sogenannten »äußeren Schönheit« unterwegs sind, uns weismachen, was uns alles fehlt oder was bei uns zu viel ist. Dabei kommt es doch tatsächlich einer Anmaßung gleich, wenn uns jemand, der uns und unsere Geschichte nicht kennt, sagen will, wie wir auszusehen haben, wie viel wir zu wiegen haben, welche Konfektionsgröße wir bei welcher Körperlänge im besten Fall zu tragen haben oder wie wir essen sollen!

Doch damit nicht genug! Seit einiger Zeit können wir

auch noch mithilfe eines operativen Eingriffs hier und da etwas absaugen lassen, Hautfalten zusammenlegen und bestimmte Körperteile vergrößern lassen!

Wir, die wir uns abhängig machen von Äußerlichkeiten, haben hier wirklich den Schwarzen Peter gezogen, denn diese Abhängigkeit führt dazu, dass wir uns immer mehr von unserer eigenen Autorität entfernen und Außenstehenden die Macht über unser Aussehen geben.

Das Gleiche beim Thema Gesundheit: Auch hier gibt es durch neue Medien, Magazine etc. weit verbreitete Thesen, Diäten und Vorgehensweisen, die uns sagen, wie wir was wann essen und wann wir uns wie und wie oft bewegen sollen. Auch hier verlassen wir unsere innere Instanz, unsere innere Autorität und schenken anderen Glauben.

Dann, eines Tages, überkommt uns ein unendlicher Frust, und wir werfen kurzerhand alle guten Vorsätze über Bord. Plötzlich erliegen wir den angestauten, bis dahin kontrollierten Begierden und Süchten und unserer Faulheit. Wir trinken und essen alles, was uns Trost spendet, setzen uns vor den Fernseher, am liebsten in leicht dehnbarer Kleidung, und stellen schluchzend fest: »Ich muss mich jetzt mal verwöhnen!« Danach folgt umgehend wieder das bekannte schlechte Gewissen. Doch wo bleibt eigentlich der entspannte Genuss? Diese zwischenzeitlichen Verstöße gegen die sonst so streng gelebten Ernährungs- und Bewegungsgrundsätze sind nur ein Zeichen dafür, dass auch hier etwas im Ungleichgewicht ist.

Wenn wir unseren Körper als einzigartigen Tempel unserer Seele begreifen, erkennen wir ihn als verdichtete Energieform, die uns hilft, auf Erden, im physischen Sein, zu leben. Wenn wir unseren Körper zunächst als solchen annehmen, öffnen wir ein Tor, durch das wir zu der Weisheit unseres Körpers gelangen. Falls es dir allein nicht gelingt, wieder in Kontakt mit deinem Körper zu kommen, helfen dir viele wunderbare Körpertherapieformen: Feldenkrais, Shiatsu, Personale Leibarbeit nach Graf Dürkheim, Yoga oder die Grinberg-Methode u.v.m.

Wenn es uns gelingt, ein Gespür für unseren physischen Körper zu bekommen, ihn zu erfahren und zu erleben, vielleicht sogar mit ihm in einen inneren Dialog zu treten, dann sind wir auf dem besten Weg, gesund, vital und schön zu werden. Wie können wir nun wieder in lebendigen Kontakt mit unserem Körper kommen? Wie können wir unsere Wahrnehmung für ihn und für all das, was ihm guttut, zurückbekommen? Ja, zurückbekommen, denn uns allen ist eine gute Körperwahrnehmung angeboren.

Spüre in dich hinein, und frage dich: »Was brauche ich gerade?«

- »Würde mir eine ausgiebige Laufrunde guttun?«
- »Möchte ich noch einen Augenblick ruhig im Bett liegen?«
- »Habe ich Hunger?«
- »Habe ich Durst?«
- »Möchte ich duschen?«
- »Möchte ich eingecremt und massiert werden?«
- »Würden mir Berührung und Zärtlichkeit guttun?«
- »Möchte ich gehalten werden?«

Stille und Ruhe sind anfangs von großer Bedeutung für innere Dialoge dieser Art. Die Bedeutung von Stille rückt dankenswerterweise auch in unserer westlichen Welt immer mehr in den Mittelpunkt. Stille ist das Kleinod, die Kostbarkeit, in der alle Antworten zu finden sind. Machen wir uns bewusst auf, in die Stille zu gelangen, erleben wir schon dabei etwas Lösendes, etwas Befreiendes. Der Weg in die Stille gelingt allein, jedoch auch in entsprechend ausgerichteten Gruppen. Über Stille zu sprechen und zu schreiben ähnelt etwa dem Beschreiben eines leckeren Gerichts. Viel besser ist es, ihre Wirkung selbst auszutesten, sie »auszukosten«. Die Stille auszukosten bedeutet, sich von allem zu befreien und sich zu versenken. Sich mit Wachheit und Bewusstheit zu versenken, still zu werden, ruhig zu sein.

Für einen längeren Zeitraum zu schweigen, ermöglicht es dir, die eigene innere Stille zu finden. Zunächst durchquerst du das gedankliche Geplapper, aber mit der Zeit werden die Gedanken ruhiger und du kommst der Stille näher. Es eröffnet sich ein innerer Raum, der einfach nur guttut. Hier spielen Gedanken keine Rolle, sondern nur das schlichte Sein. Mehr nicht. Lass dich von Lehrern der Stille, wie dem Mönch Thich Nhat Than oder Anselm Grün, inspirieren. Die Stille ist ein Schatz, in dem dein Sein mit allen Antworten geborgen ist.

Wenn wir uns ausreichend Zeit für Stille und Ruhe nehmen (ich meine nicht schlafen), gelingt es uns besonders gut, im Fluss des Lebens zu sein. Nun ist es auch ein Leichtes, Ja! zu sagen und unserem Körper das zu geben, was er benötigt, um in einem gesunden Gleichgewicht zu sein. Genauso wie wir (hoffentlich) auf den Körper hören und entsprechend für ihn sorgen, wenn er sich entleeren möchte, können wir es bei allen anderen körperlichen Bedürfnissen auch tun. Wir kommen nämlich gar nicht auf die Idee, hier »Nein, ich will jetzt nicht« zu sagen, weil unser Körper mit Schmerzen reagieren würde, wenn wir nicht rechtzeitig auf die Toilette gingen. Allerdings gehen wir in Bezug auf andere körperliche Bedürfnisse wie Trinken, Essen oder Schlafen leider nicht immer liebevoll mit unserem Körper um. Obwohl wir Durst haben, geben wir ihm nichts zu trinken, obwohl er müde ist, legen wir uns nicht zum Ruhen hin, und so weiter.

Dies ist jedoch ein ablehnendes Verhalten unserem Körper gegenüber, und kann, wenn es zur Gewohnheit wird, sogar als selbstzerstörerisch bezeichnet werden. Sobald du in einen inneren Dialog mit deinem Körper trittst, wirst du Botschaften von ihm erhalten. Sobald du ein Gespür für ihn erlangt hast und seinen Bedürfnissen nachkommst, kann sich dein Körper in Gesundheit, Vitalität und Schönheit ausdrücken.

Sei dir bewusst, dass du deinen Körper hast. Du bist nicht dein Körper, sondern dein Körper ist der irdische Sitz deiner Seele. Du bist nicht Körper, du bist Seele und hast einen Körper, um auf Erden leben zu können. Es ist der lebendige Tempel Gottes, und es ist deine Aufgabe, und nicht Aufgabe der Schönheits- oder Wellnessindustrie, dich angemessen um deinen Körper zu kümmern!

Im Laufe unseres Lebens kommen wir in Kontakt mit vielen Ideen, wie wir mit unserem Körper umgehen sollen und was wir alles für ihn tun können. Nimm diese Ideen als Sammlung von Möglichkeiten, die du hast, und wähle das daraus aus, was deinem Körper guttut, was er braucht.

Es mag Zeiten geben, in denen jede körperliche Anstrengung, wie zum Beispiel Sport, deinen Körper schwächen würde, das kannst du spüren. Wenn du diesem Gefühl nun nachgehst, wirst du deinem Körper helfen, seine Gesundheit zu erhalten. Solltest du jedoch gegen dein Gefühl handeln, statt deinem ureigenen Rhythmus zu folgen, wirst du dich unnötig schwächen. Du wirst auch wahrnehmen, wann es Zeit für deinen Körper ist, an die frische Luft zu gehen, und wann er richtig angestrengt werden will. Auch diesem Hinweis kannst du nachgehen und ihm genau das geben, was er braucht, beispielsweise eine große Laufrunde oder schweißtreibende Gartenarbeit. Solltest du jedoch trotz der Bewegungslust auf der Couch sitzen bleiben, wird sich in dir bald Unzufriedenheit breitmachen. Diese Unzufriedenheit ist die Antwort deines Körpers darauf, dass du seinen Hinweisen nicht nachgegangen bist.

Viele Menschen sprechen von dem sogenannten inneren Schweinehund – mir behagt der Ausdruck nicht. Wenn ich davon ausgehe, dass ich grundsätzlich im Gleichgewicht bin, dann weiß ich sowohl meinem natürlichen Stillebedürfnis als auch meinem Bewegungsdrang Ausdruck zu verleihen. Weder für das eine noch für das andere benötige ich besondere Disziplin, sondern nur ein Gewahrsein dessen, was jetzt sein soll. Dieses Gewahrsein funktioniert am besten, wenn ich geübt darin bin, im Jetzt zu sein. Nicht in der Zukunft, mit all den Plänen, die ich womöglich schon gemacht habe, oder den Aufgaben, die ich erledigen will, sondern im Jetzt … und hier.

Übung 11: Ja! klopfen

Wenn deine Liebe zu deinem Körper wächst und gedeiht, du ihn als deinen ureigenen Tempel annehmen kannst, wird es dir leichtfallen, deinen Körper mit vielen Ja!s zu versehen. Wandere mit deinen flachen Händen über deinen Körper, und klopfe sinnbildlich das Ja! ein. Sage Ja! zu deinem Körper. Klopfe und streiche das Ja!, das Annehmen, in deinen ganzen Körper, sprich oder singe das Ja! laut aus. Beginne mit dem Klopfen an den Achselhöhlen, klopfe die Innenseite deiner Arme hinunter bis zu den Händen, wechsele dann zur Außenseite deiner Hände und Arme, und klopfe hinauf bis zu den Schultern. Dann wechsele die Seiten, und wenn du bei den Schultern angekommen bist, klopfe sanft dein Gesicht, deinen Kopf, deinen Nacken, über Brust und Bauch, Hüften und Rücken, dein Gesäß, die Rückseite der Beine entlang bis zu den Füßen und die Vorderseite wieder herauf.

Und da, wo du Ja! sagst und noch Nein empfindest, sei besonders liebevoll zu deinem Körper. Diese Stelle braucht dann einfach ein bisschen mehr Aufmerksamkeit. Wenn du spürst, dass dir diese Übung guttut und dass sie dich energetisiert, dann mache sie täglich.

Sei in Frieden mit deinem Körper. Gib ihm zur rechten Zeit das, was er braucht. Du wirst sehen, wie er sich ganz natürlich und selbstverständlich im Gleichgewicht hält. So verhält es sich auch mit der Nahrungsaufnahme. Es gibt unzählige Ernährungslehren und Diätpläne, die, jeder für sich genommen, sicher hilfreich und gut sind.

Mir ist erst vor Kurzem aufgegangen, dass ich, wie wahrscheinlich viele von uns, mich mit viel zu vielen Diäten beschäftigt habe und viel zu viel beherzigen wollte, von dem ich gelesen hatte. Damit habe ich die Signale meines Körpers völlig übergangen und bin nach äußeren Regeln vorgegangen. Mit dem Erfolg, dass ich gleich zu Beginn des Jahres 2008 eine für mich besorgniserregende Gier nach Süßem hatte, die ich fast gar nicht stillen konnte.

Mithilfe einer Kollegin (danke, Christine) habe ich das Thema dahinter aufgedeckt und mich rigoros von allen Lehren befreit, um mich ganz auf die Signale und Hinweise meines Körpers einzustellen, Ja! zu ihm zu sagen und zu dem, was er zur Erhaltung von Gesundheit, Vitalität und Schönheit braucht. Ich verrate dir nun bewusst nicht, was ich bei mir herausgefunden habe, denn das gilt nur für mich und meinen Körper. Doch eines sei noch gesagt: Es war beachtlich, wie sehr ich mich von dem entfernt hatte, was mir mein Körper wirklich mitteilen wollte!

Spannende Sache! Im Kontakt mit dem eigenen Körper erfahren wir nämlich noch viel mehr als nur, was er essen und trinken will oder wie viel Ruhe und Bewegung er braucht. Er zeigt uns auch, wie und wo sich mentale und emotionale Themen verdichtet habe und auch, wie wir sie wieder lösen können.

Übung 12: Leite deine Energie

Wenn du bestimmte Körperstellen besonders wahrnimmst – das muss nicht zwangsläufig durch Schmerz sein –, dann leg deine Hand oder beide Hände darauf, und nimm Kontakt mit dieser Stelle auf. Höre hin, und spüre, was sich an dieser Stelle durch deine Aufmerksamkeit verändert. Nimm dir Zeit dafür, begib dich gedanklich an einen Ort, der dir behagt, und sei mit deiner Aufmerksamkeit ganz bei dir und deinem Körper. Lasse deine Hände in einer inneren liebevollen Haltung dir selbst gegenüber auf dieser Stelle ruhen, und spüre dort hinein. Es kann sein, dass du nach einer Weile ein leichtes Pulsieren spürst – das ist die Energie, die du an dieser Stelle in Bewegung bringst.

Viele von uns wissen, dass es uns immer wieder guttut, eine persönliche Auszeit zu nehmen, die wir damit verbringen können, in uns hineinzuspüren. Was braucht mein Körper jetzt? Unser Körper zeigt uns, wann ihm was am besten bekommt. Indem wir den Signalen nachgehen und dann schlafen, uns bewegen, schweigen und tätig sind, wenn uns danach ist, spüren wir, wie erfüllt wir sind und wie wir allen Bedürfnissen wirklich gerecht werden. Wir spüren, wie wir im Fluss sind und uns alles, was wir tun, ganz leicht von der Hand geht. Im Fluss des Lebens zu sein gelingt dann, wenn wir unserem inneren Uhrwerk folgen. Das geht dadurch, dass wir auf unsere innere Stimme hören und ihr folgen. Für Ruhe ist Zeit, für Sein ist Zeit und für Aktivität ist Zeit. Alles hat seine Zeit, das wissen wir schon aus der Bibel.

2. Leben ist Bewegung

Unser körperliches System, unser Organismus, ist auf Bewegung ausgelegt. Auch wenn wir unseren Körper nicht direkt bewegen, spüren wir, dass in uns unendlich viele Teile Bewegung erzeugen und in Bewegung sind. Das Blut, unser Lebenssaft, strömt durch unsere Adern und Venen, unser Herz pumpt, die Lungenflügel dehnen sich aus und ziehen sich zusammen. Unser Körper, unser Organismus, bewegt sich, sodass alle Lebensfunktionen optimal funktionieren.

Wir wissen alle, dass durch die körperliche Bewegung das selbstheilerische Potenzial des Körpers mobilisiert und aktiviert wird. Außerdem steigert sie unsere geistige Aktivität. Das Verharren in Bewegungslosigkeit führt, wie viele Mediziner bestätigen, dazu, dass man unter Umständen immer öfter in eine schwermütige oder depressive Stimmungslage gerät. Die Bewegung hingegen wirkt stimmungsaufhellend und schlicht lebensbejahend! Jede Bewegung und sportliche Aktivität wirkt sich auch auf unsere geistige Beweglichkeit aus. Das bedeutet, im dynamischen, sich wandelnden Prozess des Lebens zu bleiben! Welche Bewegung magst du?

Ein verfahrenes Streitgespräch, ein Beharren auf dem eigenen Recht oder ein Nichtweiterkommen bei einer Diskussion kann manchmal schon gelöst werden, wenn sich alle Beteiligten wörtlich in Bewegung setzen – vielleicht einfach die Plätze tauschen, symbolisch die Position des anderen einnehmen. Das kann schon helfen, aus einer trotzigen Haltung herauszukommen.

Meine Tochter und ich haben uns, wenn bei einem Streit die Fronten zu sehr verhärtet waren und keine harmonische Lösung in Sicht war, kurzerhand an die frische Luft begeben. Oft wurden daraus die schönsten Nachtwanderungen. Ich habe es immer wieder als erleichternd erlebt, wenn wir bei einer Meinungsverschiedenheit nach draußen gingen, wir also in Bewegung kamen. Die Lösung offenbarte sich dann manchmal schon nach wenigen Schritten. Und damit die Versöhnung. Miteinander zu gehen, hat wie von Zauberhand die Stimmung verändert; die Lösung offenbarte sich dann manchmal schon nach wenigen Schritten und alles war gut!

3. Alles ist stimmig

Mit unserer Stimme können wir uns nicht nur verbal ausdrücken, sondern uns im wahrsten Sinne des Wortes hörbar machen. Außer zu sprechen, zu flüstern, zu schreien und zu murmeln, können wir mit unserer Stimme etwas weiteres Einzigartiges: Wir können singen!

Singen können wir am besten aus dem Herzen heraus. Es öffnet dein Herz und du begibst dich auf die Herzebene. Wenn du also bemerkst, dass dein Herz verschlossen ist, kannst du die Türen deines Herzens durch das Singen öffnen. Durch Gesang erreicht das Ja! auch unser Herz. Durch Singen und Summen verbinden wir automatisch beide Gehirnhälften und erzielen so eine positive neurologische Wirkung. Wir können endlich den Kopf verlassen und in unser Herz gelangen, das durch den Gesang geöffnet wird.

Ein gesprochenes und gesungenes Ja! lässt die Schöpfungsenergie durch unseren Körper fließen und öffnet unser Herz, durch das nun die Liebe strömen kann. Ja!

Das miteinander Ja!-Sagen und -Singen hat noch eine weitere Wirkung: Wenn viele Stimmen sich auf das Ja! einstimmen, entsteht eine enorme Energie. Gleichklang oder sanft anschwellender Gesang, vieltönig und doch eingestimmt auf einen Laut: Ja! Vielstimmig und doch einstimmig ein Ja! zu singen, erhebt dich und führt dich zu Ganzheit.

An dem Tag, als ich erfuhr, dass dieses Buch verlegt werden wird, war ich abends auf einem Konzert. Das

Konzert gab ein Bekannter von mir, den ich ein Jahr zuvor das erste Mal erlebt hatte. Wir plauderten vorher ein bisschen, und ich erzählte ihm von meinem Projekt. »Wie heißt denn das Buch?« fragte er, und ich sagte: »Ja! von der Annahme« (Arbeitstitel).

In der zweiten Hälfte des Konzerts, das für mich ohnehin schon der krönende Abschluss eines beglückenden Tages war, begann mein Bekannter das Ja! zu singen. Es war wie ein Glückwunsch. Alle Besucher des Konzertes begannen das Ja! mitzusingen. Was für ein Erlebnis!

Übung 13: Ja! singen

Vielleicht erlaubst du dir, eine eigene Melodie zu finden, die das Ja! singbar macht, erschaffe eine Melodie, die das Ja! trägt, vielleicht singst du es in anderen Sprachen. Mit deiner Stimme transportierst du das Ja!. Sag Ja! zu deiner Stimme, nimm deine Stimme an, als Ausdruck deiner gesprochenen Worte, als Ausdruck deines Selbst.

Vor einigen Jahren erlebte ich auf einem spirituellen Festival Gesang und Kreistänze. Herzenslieder mit der dänischen Künstlerin Pratibha zu singen, berührte und begeisterte alle Teilnehmern sehr. Es gelang ihr, uns mit ihrer Stimme unverzüglich eine Gänsehaut zu bereiten. Selbst Menschen, die scheu waren oder glaubten, sie könnten nicht singen, öffneten sich bald und sangen aus vollem Halse mit. Zahlreiche Tränen flossen vor Rührung und aus dem Gefühl heraus, miteinander verbunden zu sein.

Das Miteinander-Singen birgt eine große heilsame Kraft!

Im Jahr 2007 entschloss ich mich, selbst ein Festival mit Pratibha, ihrem Mann Omesh von Spirit Drums und Nandin Baker (bekannt von Satsangs mit Samarpan) zu organisieren. Es findet nun jährlich zur Wintersonnwendfeier in Lüdinghausen/Münsterland statt und steht unter dem Motto »Into the Light – Miteinander: Singen, Tanzen, Stille sein«.

II. Geist

1. Die Macht der Gedanken

Vielschichtig und facettenreich, so sind wir Menschen. Über unsere Gefühlswelt haben wir bereits im Kapitel »In Kontakt kommen mit deinen Gefühlen« gesprochen. Den physischen Körper erörterten wir im vorangegangenen Kapitel. Außer dem physischen Körper und der emotionalen Ebene haben wir auch noch eine mentale Ebene.

- Wir sind Seele.
- Ich bin Seele.
- Ich bin das Ich-bin.
- Ich bin nicht mein Körper, ich habe einen Körper.

Hier nun geht es um eine Ebene, die jenseits des zunächst Greifbaren liegt, jedoch im täglichen Sein erfahrbar und zu fassen ist.

Wir wissen alle, wie wir einen Schrecken manchmal in der Bauchgegend spüren können, und kennen auch die muskulären Verspannungen im Nacken, die durch zu viel Disziplin oder zu starre Gedankenmuster verursacht werden. Es ist klar, dass wir die einzelnen Ebenen nicht voneinander getrennt erleben können, sondern dass sie alle miteinander verbunden sind. Ganzheitlich.

»Handeln«, »Tun«, »Aktion« sind drei Wörter, die einen körperlicher Vorgang beschreiben, dem zuvor eine mentale Aktivität vorangegangen ist. Dieses Denken wird häufig durch Emotionen motiviert. Der Entschluss, morgens zu laufen, kann durch die empfundene Freude an der Frischluftbewegung entstanden und durch den Glauben unterstützt worden sein, dass es uns fit hält. Hier bringt uns die Emotion (Freude) und unsere Überzeugung auf der mentalen Ebene (Fitness ist gut für uns) dazu, etwas auf der dritten Ebene, der körperlichen, zu tun.

Die mentale Ebene entspricht unserem Glaubenssystem und unseren Überzeugungen. Unsere Überzeugungen und unser Glaubenssystem bestimmen unser Erleben. Wir glauben, dass das Leben so und so funktioniert, und erschaffen durch unsere Gedanken die Erfahrungen. Ein gutes Beispiel hierfür sind die sich selbst erfüllenden Prophezeiungen. Sie sind der Ausdruck einer durch unsere Überzeugungen erschaffenen Realität. Sagen wir uns: »Das wird schwierig«, ist das zum einen eine einfache Äußerung und zum anderen eine Programmierung für die Erfahrung, die wir im Nachhinein machen werden. Die Energie folgt der Aufmerksamkeit. Wir sind, was wir denken.

Unsere mentale Ebene ist die Schaltzentrale oder, um es einmal in der Computersprache zu formulieren: Sie schreibt das Programm vor, nach dem wir unsere Realität gestalten. »Alles ist gut.«, »Das wird schwierig.«, »Alles wird besser.« oder »Es ist eben so, ich kann es ja nicht ändern.« sind alles Programmierungen, auf deren Grundlage wir die entsprechenden Erfahrungen machen.

Nun gilt es, das eigene Glaubenssystem anzunehmen und uns der eigenen Überzeugungen bewusst zu werden. Das gelingt mit einem Ja! Mache dir bewusst, was du willst und welche Überzeugung das Erreichen dieses Ziels fördert. Und dann schaffe dir diese Überzeugung!

Eine Frau, die ich sehr gut kenne, hat schon sehr lange ein Glaubenssystem, das sie bei der Parkplatzsuche behindert. Ständig fragt sie: »Wo sollen wir denn parken?« Doch solange sie überzeugt sein wird, dass es schwierig ist, einen Parkplatz zu finden, wird es für sie schwierig sein, einen Parkplatz zu finden.

Werde dir deiner Überzeugungen bewusst, indem du deine Gedanken und Äußerungen beobachtest. Kannst du Ja! sagen zu dem, was du denkst? Weißt du, was du denkst? Weißt du, welche Bilder du dir ausmalst? Sind deine Gedanken durchdrungen von dem, was du dir wirklich für dein Leben wünschst? Beobachte deine Gedanken! Übe dich darin, zu betrachten, was du denkst!

Und dann frage dich, ob du das wirklich denken willst. Denk daran: Deine Gedanken erschaffen deine Realität! Kannst du die Frage mit Ja! beantworten? Wunderbar! Wenn nicht, denke das, was du denken willst, was du wirklich denken willst! Du erschaffst deine Gedanken! Du denkst und lenkst deine Gedanken! Du bist Denker deiner Gedanken. Du entscheidest, was du denkst. Du kannst deine Gedanken jederzeit steuern. Dafür bedarf es lediglich Übung und Aufmerksamkeit. Viel Freude! Es ist eine erhebende Sache, die eigenen Gedanken dorthin zu lenken, wo man sie haben möchte.

Unsere Vorstellungskraft ist ein immer noch weithin unterschätztes Werkzeug, mit dem wir unser Leben freudvoll gestalten können. Darüber hinaus hilft sie uns, uns mit Emotionen aus vergangener Zeit zu befassen und hier Frieden zu finden. »Emotionale Ladungen« sind nicht gefühlte Gefühle aus der Vergangenheit.

Wenn du dich mit einem Thema befasst, das sich dir nicht so eröffnet, wie du es dir wünschst, kannst du dich zum Beispiel mit einem Coach oder Therapeuten treffen, der dich emotional begleitet. Eine gute Technik, emotionalen Stress oder Traumata zu bearbeiten, ist die Visualisierung. In Three in One Concepts, der Psychokinesiologie und auch im Neurolinguistischen Programmieren (NLP) wird das Visualisieren als Stresslösetechnik erfolgreich angewendet.

Mit dieser Technik ist es möglich, genau die gleiche Wirkung zu erzielen wie mit einer tatsächlich gemachten Erfahrung. Eine Situation, die wir gefürchtet haben oder fürchten, können wir in unserer Vorstellung so umgestalten, dass statt der befürchteten Dinge das geschehen kann, was wir uns wirklich wünschen und was uns wirklich gute Gefühle bereitet. So erschaffen wir in uns eine Erfahrung, die wir dann verstärken können. Dieses Verstärken gelingt durch das erneute und wiederholte »Daran-Denken« und detailliertes Ausmalen. Am besten beziehen wir auch unsere Gefühle mit ein. So schaffen wir uns durch mentale Aktivität eine Referenzerfahrung, die wir bisher nur auf geistiger Ebene gemacht haben. Und an dieser Stelle unterscheidet unser Gehirn nicht, ob eine Erfahrung tatsächlich oder nur mental gemacht wurde. Die Erfahrung auf geistiger Ebene wird dazu führen, dass wir tatsächlich solche Erlebnisse haben.

Fakt ist: Selbst die Visualisierung und die Verbalisierung dessen, was uns guttut, verändert augenblicklich unser Empfinden in der Situation und löst den emotionalen Stress. Das Aufnehmen der guten Energie, die bei der Visualisierung in uns mobilisiert wird, führt zum gewünschten Ergebnis.

Als Coach habe ich zahlreiche Kinder, Jugendliche und Erwachsene zu den unterschiedlichsten Themen begleitet und das Visualisieren von dem, was sie sich für ihr Leben wünschen, egal ob für die Vergangenheit, die Gegenwart oder die Zukunft, als lebensverändernd erfahren! Ein in der Vergangenheit liegendes stressbeladenes Erlebnis kann durch die Visualisierung von den negativen emotionalen Gefühlen befreit werden, und so wird verändertes Verhalten in der Gegenwart möglich. Sorgen um die Zukunft können durch Visualisierungen in Zuversicht und frohen Mut verwandelt werden.

Übung 14: Visualisiere mit allen Sinnen

Mache dir ein Bild von dem, was du wirklich willst, füge so viele Details wie möglich hinzu: Welche Kleidung tragen du und die anderen Beteiligten? Wo bist du? Dann spüre die Gefühle, die dieses Bild in dir verursacht. Setze so viele Sinne wie möglich ein: Was siehst du? Was fühlst du auf deiner Haut? Wie riecht es? Was fühlst du im Herzen? Was schmeckst du?

In einer Sitzung mit einer Klientin entdeckten wir, dass die Ursache für ihre gegenwärtige Konfliktsituation kurz nach der Geburt lag. Wir fanden heraus, dass sie während dieser Zeit weder gestillt worden war noch Körperkontakt zu ihrer Mutter gehabt hatte, weil die Klientin als Neugeborenes direkt in den Brutkasten gebracht worden war.

Die Konsequenzen solcher Erfahrungen gleich zu Beginn unseres irdischen Seins können sehr unterschiedlichen Ausmaßes sein. Oft sind sie stark mit negativen Emotionen behaftet.

Die Lösung für meine Klientin lag darin, dass sie sich ganz auf sich selbst, genauer gesagt auf ihren inneren Säugling einstimmte, und sich, während ich Stirn und Hinterkopf mit meinen Händen hielt, vorstellte, wie sie in den Armen ihrer Mutter lag und gestillt wurde. Gestillt wurde, beruhigt wurde, Körperwärme und Liebe erfuhr, sich gehalten und geborgen fühlte und so lange trinken konnte, bis sie satt war, gestillt war, erfüllt war.

Die Klientin hatte sich zur Unterstützung auf eine Liege gelegt, ich hatte sie dick in Decken eingepackt, sodass sie wie im Arm ihrer Mutter lag.

Auch wenn die Ursache für aktuelle Probleme weit in der Vergangenheit liegt, kann mithilfe von Visualisierungstechniken auf der emotionalen Ebene Frieden geschaffen werden. Dieser Frieden ermöglicht in der Gegenwart einen anderen, häufig offeneren und freieren Umgang mit sich, seinem Leben und der Umwelt. Meine Klientin hatte ein Problem sowohl mit körperlicher als auch mit rein menschlicher Nähe.

Da wir alle dieser Nähe bedürfen, sie zu unserem Menschsein gehört, ist es beglückend, frei von Berührungsängsten zu werden, uns für Begegnungen zu öffnen und Nähe zu erlauben.

Die Klientin hat sich in der Visualisierung gesättigt. So wurde ihr Bedürfnis nach Distanz gelöst, und sie konnte neue engere Beziehungen zulassen. Sie geht nun einen guten, sicheren Weg.

Übung 15: Ärger abbauen

Unsere Augen sind sehr beweglich und liegen nah an unserem Gehirn. Aus dem NLP und der Kinesiologie wissen wir um die Auswirkungen der einzelnen Blickrichtungen sowie um die von Stressladungen. In einem Seminar mit Daniel Whiteside, Mitgründer von Three in One Concepts, erfuhren wir von ihm Folgendes: Immer wenn wir uns geärgert oder irgendwie gestresst fühlen, können wir, um aus diesem beschränkenden Gefühl herauszukommen, mit aller Aufmerksamkeit ausschließlich durch unser linkes Auge schauen. Dadurch mobilisieren wir Aktivität in unserer rechten Gehirnhälfte und entziehen so dem Ärger die Energie. Wir ziehen den »Ärgerstecker« und kommen in den Zustand des zeitlosen Gewahrseins. Zeitloses Gewahrsein bedeutet, dass wir uns augenblicklich anschließen an eine Wahrnehmung, die jenseits von logischer Zeitenfolge oder analytischen Begrifflichkeiten liegt. Sie umfasst das Bewusstsein, mit allem verbunden zu sein, eins zu sein und in Einklang mit sich und dem Leben zu sein.

Einmal in diesem geistigen Zustand angekommen, gelangen wir wieder in das Bewusstsein, dass wir jederzeit eine Wahl haben, so mit den Situationen umzugehen, wie wir wollen. Darüber hinaus wird das Ärgergefühl relativiert, und wir können leichter mit der Situation umgehen. Wir befreien uns sozusagen aus der emotionalen Ladung und nehmen wieder den uns angestammten Platz ein. Nicht die Emotionen bemächtigen sich unser, sondern wir sind fähig, mit unseren Emotionen umzugehen.

Wenn wir noch einen Schritt weiter gehen wollen, können wir aus diesem Zustand des zeitlosen Gewahrseins heraus nun unsere vorangegangene Emotion betrachten.[8]

2. Keine Angst vor Veränderung

Alles wandelt sich, nichts bleibt, wie es ist. Wir sehen diesen Wandel zum Beispiel an unseren vier Jahreszeiten. Die fernöstlichen Gesundheits- und Lebenslehren sprechen von den fünf Wandlungsphasen, die allem Leben zugrunde liegen.

Die Kinesiologie beschreibt den Wandel anhand von fünf Elementen: Holz, Feuer, Erde, Metall und Wasser. Sie symbolisieren die Wandlungen in unserem Leben.

In allen Beziehungen, in allen dynamischen Prozessen finden wir diese Wandlungen. Es ist nicht richtig, zu glauben, dass es immer nur Wachstum und somit Sommer geben kann. Was wäre unsere Natur ohne die Herbst- und Winterstürme, in denen der Wind alles Abgestorbene, nicht mehr Haltbare fortweht? Wie kann Wachstum entstehen, wenn nicht zuvor gesät wurde?

---

[8] Bitte beachte, dass alles, was hier beschrieben ist, meine persönlichen Erfahrungen wiedergibt und nicht wissenschaftlich erforscht ist.

Diese Wandlungsphasen sind allem zugrunde gelegt, jeder Beziehung, jedem Leben, allen Lebensphasen.

Das Element **Holz** entspricht der Jahreszeit Frühling und steht für die im Wachstum begriffene Aktivität. Wir kennen das Frühjahr als Zeit des Säens und Bodenaufbereitens. Wir Menschen lieben diese Zeit, weil wir nun endlich wieder mehr Licht abbekommen, länger draußen sein können und uns für die warme Jahreszeit bereit machen.

Das Element **Feuer** entspricht dem Sommer und beschreibt den maximalen Aktivitätszustand, kurz bevor wieder eine ruhigere Zeit beginnt. Wir leben draußen und freuen uns an unseren Gärten und an dem, was wir jetzt in voller Blüte betrachten können. Der Sommer ist heiß, und so erklärt sich auch die Gratwanderung von Umtriebigkeit und Entspannung.

Das Element **Erde** entspricht dem Spätsommer bzw. Frühherbst. Wir befinden uns in einem Übergangszustand zwischen der Hitze des Sommers und einer Zeit der verminderten Aktivität und des Loslassens. Dies ist die Erntezeit, satt, ruhig und sicher.

Das Element **Metall** steht für den Herbst. Im Herbst fallen die Blätter, die Natur zieht sich zurück, um loszulassen, zu sterben. Zeiten des Rückzugs kennen wir alle – manches Mal scheuen wir uns jedoch davor. Liegt das daran, dass wir das Vertrauen in die Wandlung verloren haben? Wissen wir nicht, dass auf den Tag zwar die Nacht folgt, der Tag aber wieder zurückkehrt?

Das Element **Wasser** steht für den maximalen Ruhezustand und entspricht dem Winter. Die dunkle Jahreszeit, die uns veranlasst, in unseren Häusern zu bleiben, Kerzen anzuzünden, in uns zu kehren und zur Ruhe zu kommen. Stille.

Auch unser Leben ist geprägt von diesem Wandel! Wie reich und erfüllt wird unser Leben, wenn wir sowohl das Keimen und Sprießen als auch das Feurig-Extrovertierte, das Satte, Träge, später das Loslösende, Läuternde und zu guter Letzt die Stille und Ruhe annehmen können! Dieser gesunde, natürliche Ablauf erfolgt nach den Hauptregeln der Wandlungen in der Natur. Ja! zu den Wandlungsphasen zu sagen bedeutet, anzunehmen, dass nichts bleibt, wie es ist. Das Einzige, was beständig und immerwährend ist, ist der Wandel, die Veränderung. Was passiert, wenn wir Wandlung nicht anerkennen? Was passiert, wenn wir sie annehmen? Worin liegt der Unterschied? Ja! zur Veränderung bedeutet, in Frieden zu gelangen mit der Lebendigkeit des Seins.

In einer Aufstellung wurde sichtbar, dass eine junge Frau eine wiederkehrende Todessehnsucht verspürte, weil sie ihre Wut ablehnte. Die Wut, die sie im Zaum hielt, führte dazu, dass sie überhaupt nicht mehr richtig am Leben teilnehmen wollte. Unsere Aufgabe war es, ihr den Sinn und die Kraft dieser scheinbar negativen Gefühle zu erklären. Wir setzten die Wut gleich mit den Herbst- und Winterstürmen, die durch den starken Wind die Natur von allem Abgestorbenen befreit. Und mit einem Sommergewitter, das so herrlich erfrischend wirkt und die Luft klärt. So wie die Jahreszeiten sind auch unsere Gefühle und unsere Stimmungen dem Wandel unterworfen.

Auch den Herbst und den Winter des Lebens anzunehmen und für sich selbst herauszufinden, welche Qualitäten er birgt, lässt uns immer weiter im Frieden sein, mit dem, was ist.

Ja!, Leben und Sterben sind ein Teil desselben Spektrums, sie sind keine Gegensätze. Beide gehören zusammen, es sind einfach nur Abstufungen, Schattierungen zweier nicht zu trennender Zustände.

Nicht nur das sogenannte Lebensende mündet in das Sterben, sondern Sterben findet täglich statt – die Wandlung entlässt uns aus dem Früheren in das Spätere, also stirbt das Alte und macht dem Neuen Platz. Sterben heißt nicht immer Tod. Sterben bedeutet Wandel, bedeutet, eine neue, nächste Dimension zu betreten.

Sterben, Tod und Vergänglichkeit sind für manche Menschen ein Gräuel. Doch nicht nur das: Sie empfinden eine immer gegenwärtige Bedrohung, die diese Menschen manchmal dazu verleitet, das Leben schlichtweg zu vergessen, weil sie gebannt und ängstlich auf das Sterben achten. Wie die sinnbildlich hypnotisierte Maus vor der Schlange sind sie fixiert auf diesen einen Aspekt. Die Fixierung entwickelt sich zu einem ausgeprägten Vermeidungsverhalten, und jegliche Veränderung wird abgelehnt oder beweint: »Schon wieder vorbei!«

Doch schon beim Beobachten der Natur erkennen wir, dass der Sterbeprozess ein Teil der verschwenderischen Natur der Pflanzen und des Kosmos ist; Fülle, Blüte, üppige Pracht, Sich-Loslösen, Faulen und dann Niedergang und Tod – um dann wieder neu und anders aufzuerstehen.

Seit ich denken kann, erlebe ich sowohl das Sterben als auch das Werden als Schwellenüberschreitungen. Warum das so ist, kann ich nur vermuten. Innere Bilder und Energiefelder deuten mir an, dass nicht erst die Geburt oder die vorherige Schwangerschaft der Beginn eines Lebens ist. Auch der Tod ist, aus meiner Sicht, nicht das Ende, sondern eher ein Abschnitt, wenn auch ein großer Abschnitt. Wenn ich Menschen, egal wie jung oder alt, in die Augen schaue, kann ich etwas von der Ewigkeit entdecken, aus der wir alle stammen.

Die Geburt eines Kindes ist für viele von uns ein fast schon heiliges Erlebnis, das Wunder des Lebens. Der Entbindungsprozess ist sicher für viele Mütter ein einzigartiges, einmaliges und höchst intensives Erlebnis, das eine ungeahnte Flut an Glücksgefühlen auslöst. Bei mir wurde dadurch eine noch größere Ehrfurcht vor dem Leben und allem, was damit zu tun hat, geweckt. Als 12-Jährige erlebte ich die Krankheit und das Sterben meiner Großmutter. Dass sie auf die andere Seite gehen würde, war für mich nichts Bedrohliches oder Erstaunliches. Das, was mich jedoch besonders irritierte, waren die Reaktionen der sogenannten Hinterbliebenen. Und diese Reaktionen lösten in mir Beklemmungen aus, die ich nicht weiter untersuchen wollte. Damals.

Als 35-Jährige durfte ich meinen schwerkranken Vater begleiten. Zusammen mit meiner Mutter, meiner Schwester und meinen Brüdern, haben wir, darüber sind wir uns alle einig, eine sehr besondere, uns alle noch stärker verbindende Zeit erlebt. Diese nahe Begleitung hat auch mich an diese andere Schwelle des Lebens geführt – für mich war es wie eine Erlaubnis, einmal durch die Schleuse zu schauen, durch die mein Vater schritt, in dem Wissen, dass er auf der anderen Seite warm und herzlich abgeholt würde. Welch ein zutiefst intimes und persönliches sowie gleichzeitig alle Menschen verbindendes Erlebnis. Der Tod ist nicht das Ende! Er ist nur das Ende eines einzigen Aspektes des Lebens, so wie wir ihn eigentlich ständig erleben, sowohl durch die Jahreszeiten als auch durch die Lebensphasen, die wir beenden.

Übung 16: Stell dich deiner Angst

Lass dich einladen, deine Sorgen oder Ängste vor dem Tod anzunehmen. Schieb sie nicht fort! Vielleicht beginnst du sogar ein Gespräch mit ihnen, schilderst ihnen deine Bedenken. Dann erlaube dir, zuzuhören, was sie dir zu sagen haben. Es kann sein, dass du etwas erfährst, was deine Furcht vor dem Tod wandeln wird.

III. Spiritualität

1. Erweitere deinen Horizont

Wenn wir Ja! sagen, nicken wir oftmals. Die Bewegung, die wir dabei vollführen, löst Aktivität im oberen Kopfbereich aus. Dabei ist es entscheidend, dass mittig auf unserem Kopf die Fontanelle liegt, die durch das Nicken aktiviert werden kann. Als Fontanelle wird ein Bereich des Schädels von Neugeborenen bezeichnet, der noch nicht durch die feste Struktur des Schädels geschlossen ist. Wenn du deinen Handballen auf deine Nasenwurzel legst, sodass deine Finger nach oben zeigen, und dann die Hand flach auf den Kopf legst, landet dein Mittelfinger ungefähr dort, wo deine Fontanelle war/ist. Im Kriya-Yoga wird davon ausgegangen, dass diese höchste Stelle am Kopf uns mit den höchsten kosmischen Energien in Verbindung bringt.

Wie nimmst du deinen Kopf wahr? Kannst du ermessen, was für ein riesiges Potenzial in deinem Kopf liegt? Spürst du deinen Kopf? Spürst du ihn auch, wenn er nicht schmerzt? Bist du dir bewusst, was in deinem Kopf so alles abläuft?

Wenn wir meditieren, kann es sein, dass wir dazu angeleitet sind, durch die Spitze des Kopfes einzuatmen. Das ist die sogenannte Prana-Atmung. Sie hilft uns dabei, die Aufmerksamkeit auf unseren Kopf zu richten. Die Energie folgt der Aufmerksamkeit. Was bewirkt es also, wenn wir unsere Aufmerksamkeit auf unseren Kopf, auf die Fontanelle richten? Wir mobilisieren die Energie in und an unserem Kopf!

Wenn wir Ja! sagen, nicken wir und bewegen die Mittellinie des Kopfes vor und zurück, runter und rauf. Auf der Mittellinie liegen laut Three in One Concepts sogenannte Struktur- oder Funktionszeichen: unsere Intuition, Telepathie, Vision und darüber hinaus Originalität und Interesse.

Die Struktur- oder Funktionszeichen beschreiben äußere Merkmale, die auf unsere Wesenszüge Rückschlüsse ziehen lassen. Die Kenntnisse über diese Zusammenhänge werden im Three in One Concepts-Workshop »Louder than Words« vertieft.

Ich glaube, dass wir durch das Ja!sagen und die nickende Kopfbewegung einen intensiveren Kontakt zu diesem unseren Potenzial, zu unseren telepathischen und visionellen Fähigkeiten bekommen können – natürlich auch zu Originalität und Interesse.

Wie sich diese Mobilisierung auswirkt, können wir nur ahnen:

Mit stärker ausgebildeter **Intuition** (vorderer Oberkopf) werden wir verstärkt aus unseren inneren Impulsen heraus handeln können. Die Intuition erkennt, was wirklich da ist. Sag Ja! zu deiner Intuition.

Die **Telepathie** (hinterer Oberkopf) ist das Tor zum Universum. Sie ist eine natürliche neurologische Funktion und ermöglicht uns die Verbundenheit mit allem, was ist. Die Telepathie lässt uns wissen, was andere denken oder fühlen. Die Herausforderung hierbei ist, das Gefühl, das wir telepathisch wahrnehmen, zu unterscheiden von dem, was wir selbst fühlen. Die Telepathie sorgt auch für ein Gefühl der Verbundenheit und des Geborgenseins. Sie fördert das Gefühl »Ich bin nicht allein«. Ja! zur Telepathie!

Die **Vision** (Hinterkopf) fokussiert deine Gefühle und erstellt ein Bild von dem, was mit dir geschehen könnte. Die Vision von dem, was sein kann, gibt dir Kraft, dein Leben zu gestalten.

Die **Originalität** (Stirn) lässt dich die Grenzen überschreiten und ermöglicht es dir, gänzlich Neues zu erschaffen. Jeder Mensch hat diese Originalität in sich.

Wir alle zeigen **Interesse** (Stirn/beginnender Haaransatz) für Menschen, Dinge und Informationen, mal mehr, mal weniger. Manche interessieren sich mehr für Informationen über etwas, andere wiederum interessieren sich für alles Menschliche, und wieder andere haben vorrangig Interesse an Gegenständen. Interesse ist wichtig, erhält uns wach und aufmerksam. Das Ja! stärkt es.

Das Ja! zieht an und das Nein! wehrt ab. In der Haltung des Annehmens entsprechen wir der Schöpfungsenergie und signalisieren Bereitschaft, mit dem Leben zu sein. Nicht dagegen. Ein Nein! hingegen wehrt ab und erzeugt Widerstand. Dieser Widerstand führt zu Verhärtung, die sich auch auf der Körperebene manifestiert. Das Ja! in sich schwingen zu lassen, ermöglicht Weichheit und erlaubt Wundern des Lebens, zu uns kommen. Wenn wir unsere Abwehr aufgeben und uns dem Lebensstrom hingeben, eröffnen sich Möglichkeiten, auch neurologische, die wir kaum erahnen.

Es ist nicht immer von Bedeutung, dass wir wissen, wie etwas erfolgen muss. Wir entscheiden, dass wir bereit sind, uns dem Leben hinzugeben. Dieses Ja! ist ein Signal an das Universum, uns alles zukommen zu lassen, was uns zu unserem Besten gereicht; Fülle, Liebe, Glück.

Finde heraus, was dir Freude bereitet, finde heraus, was dein Herz zum freudigen Klopfen bringt, was dir das Herz aufgehen lässt. Finde heraus, was du wirklich gern tust! Und dann: Nicke mit dem Kopf, rufe aus: »Ja!« und tu es!

2. Vom Annehmen der eigenen Göttlichkeit

Nehmen wir das Wort Spiritualität einmal wörtlich. »Spirit« stammt von dem lateinischen Wort *spiritus*, was so viel bedeutet wie »Geist«. Man kann Spiritualität also verstehen als eine Art geistige Verbindung mit dem Geist des universellen Bewusstseins, der Existenz, Gott, Göttin, der Quelle, dem Nullpunktfeld, dem multivariablen Informationsfeld und so weiter. Es gibt viele Begrifflichkeiten, ich nenne es Gott.

Spiritualität ist die Anbindung an die geistige Welt, an das Göttliche. Eine Verbindung mit dem Göttlichen. Das Göttliche liegt in allem. Ich spreche von der Verbundenheit mit Mutter Erde und Vater Himmel, mit den himmlischen Welten. Spiritualität ist es für mich, wenn ich anerkenne und annehme, dass ich Teil einer Verbindung bin. Ich stelle mir diese Verbindung vor als eine Senkrechte, in der ich verwurzelt bin in Mutter Erde und geführt werde von Vater Himmel. Ich bin das Kind meiner göttlichen Eltern, ausgestattet mit allem, was sie sind, mit allem, was aus ihnen kommt und, genährt, getragen, geleitet und geborgen. So ist auch in mir die ganze Schöpfung. Und in jedem anderen Menschen. Sie wird möglicherweise nicht von jedem gelebt, doch sie ist aber in jedem angelegt. In diesem Punkt sind alle Menschen gleich. Jeder kann seine göttliche Natur offenbaren, ausdrücken und leben. Unserer Göttlichkeit Ausdruck zu verleihen, ist der wahre Sinn unseres Lebens, der Sinn unseres Seins.

Ja! Sobald wir anerkennen, dass dieses einzigartige wunderbare Potenzial in uns angelegt ist, werden wir der göttlichen Führung in uns gewahr. Sie hält alle Antworten auf die Fragen bereit, die wir häufig zu beantworten suchen. Durch die Anerkennung unserer eigenen Göttlichkeit wird es einfach, der inneren Führung, der inneren Stimme zu vertrauen, zu lauschen und ihr nachzukommen.

Es kann sein, dass du jetzt fassungslos den Kopf schüttelst. Das kann daran liegen, dass versäumt wurde, dich an deine Göttlichkeit zu erinnern. Glaubst du, dass Gott etwas Fehlerhaftes erschaffen hat? Die ganze Schöpfung ist Ausdruck seiner Liebe und seiner Göttlichkeit. Also ist alles göttlich. Du auch! Für alle gilt: Sobald wir uns damit befassen und daran erinnern, werden wir unserer inneren Führung folgen können. Oft beginnt es einfach damit, dass wir auf unsere Körpersignale hören und ihnen Raum geben. Vertraue auf dein Bauchgefühl!

Darin, dass wir an das universelle Bewusstsein angeschlossen sind, finden wir die Quelle all dessen, was ist. Die Quelle, aus der wir entsprungen sind. Wenn wir uns an die Quelle anschließen, ist es, als würden wir unseren Stecker in eine Steckdose stecken. Wir ermöglichen der Kraft aus der Quelle, durch uns hindurchzuströmen und sich durch uns auszudrücken und zu verwirklichen. Die göttliche Quelle nährt uns mit ihrer Kraft. Diese Kraft wird uns zu eigen und lässt uns aus tiefstem Herzen vertrauen. Wir wissen nun, dass wir alles tun können, alles erreichen können, was wir uns vornehmen. Alles!

In jedem von uns lebt der göttliche Funke, in allen von uns! Vielleicht ist der innere Blick darauf verstellt, vielleicht fehlt uns der Zugang zu dem Urgrund dieses göttlichen Funkens, doch meistens ist er einfacher zu finden, als wir glauben.

Sprich einfach aus: »Göttlicher Funke in mir«, oder: »Funke aus Licht« und spür deinen Worten in dir nach – spüre, dass dieser göttliche Funken, dieser Lichtfunken etwas Lebendiges in dir ist und mit jedem Atemzug, den du tust, in dir entfacht werden kann.

Dankbarkeit

- Bemerkst du es, wenn es dir gutgeht?
- Merkst du, wenn alles gut läuft?
- Kannst du es anerkennen, wenn dir Gutes widerfährt?
- Bist du dankbar, wenn du gesund bist?
- Sprichst du es aus?

Anerkennung ist von großer Bedeutung, denn durch sie lenken wir unsere Aufmerksamkeit auf das Gute in unserem Leben. Wie wir zuvor schon festgestellt haben: Die Energie folgt der Aufmerksamkeit. Durch das Anerkennen des Guten, durch unsere Dankbarkeit lenken wir die Aufmerksamkeit auf das, was uns guttut, und vermehren es so. Die Anerkennung und Dankbarkeit, die wir empfinden, wenn unser Leben rund und beglückend verläuft, bewirkt, dass es so gut weitergeht.

Sei deshalb dankbar für alles, was du hast! Nimm wahr, dass dein Leben voller Fülle und Reichtum, Glück und Segen ist! Dadurch wird sich dein Leben noch glücklicher und freudvoller gestalten.

Das funktioniert bei allem, ob du es wahrhaben willst oder nicht. Viele von uns sind sich dessen schon bewusst und entscheiden sich dafür, ihre Gedankenkraft bewusst und mit Absicht einzusetzen.

Wenn ich mir nun dauernd Sorgen über dieses oder jenes mache, richte ich meine Aufmerksamkeit auf diese Sorge. Meiner Aufmerksamkeit folgt die Energie, von der schon häufig die Rede war. Dadurch werde ich das, worum ich mir Sorgen mache, über kurz oder lang in mein Leben ziehen. Nutze ich im Gegenteil meine Aufmerksamkeit dazu, mich über das zu freuen, was an schönen Dingen in meinem Leben ist, und bin ich dankbar dafür, so werde ich durch das Gesetz der Anziehung von den schönen Dingen mehr in mein Leben holen.

Das Universum reagiert da ebenso wie wir. Wenn wir jemandem ein Geschenk bereiten und der Beschenkte wehrt es ab und sagt, das wäre doch nicht nötig gewesen, fühlen wir uns bewusst oder unbewusst zurückgewiesen. Das nächste Mal werden wir uns dieses Unwohlsein nicht wieder bereiten und wahrscheinlich wirklich keine Mitbringsel oder Geschenke dabeihaben.

Wenn wir nun ein Geschenk überreichen und der Beschenkte freut sich, juchzt womöglich und zeigt mit reibenden Händen, strahlendem Gesicht und vielleicht sogar mit einem Freudensprung, dass er sich freut, werden wir diese Reaktion sicher als beglückende Erfahrung abspeichern, die wir wahrscheinlich wiederholen wollen. Wiederholen – Freude wollen wir wieder holen.

So ähnlich können wir uns das auch auf göttlicher Ebene vorstellen. Es wird uns das, worauf wir unsere Aufmerksamkeit richten, zurücksenden. Auch ein Lächeln kommt an. Ich freue mich, ich kann gelassen, entspannt und vertrauensvoll sein.

Also freu dich, und zeig es auch, wenn dich etwas freut! Dies ist das äußerliche Zeichen von Dankbarkeit, und der Schenkende oder das Universum werden dir diese Freude gern wieder bereiten. Das tun wir übrigens alle gern: Freude bereiten!

Auch wenn ich draußen bin, in der Natur, im Wald, an Seen, wenn ich am Kanal entlanglaufe, achte ich darauf, dass ich den gegenwärtigen Augenblick wahrnehme. Ich lenke meine Aufmerksamkeit auf meinen Körper. Dabei empfinde ich Dankbarkeit für meinen Körper, der mich trägt, mich bewegt und mir somit ermöglicht, in der von mir geliebten Natur zu sein. Diese Freude drücke ich häufig laut, manchmal sogar durch Gesang aus.

Dann sehe ich die Natur, bei welchem Wetter auch immer, wie sie sich verändert und immer wieder Neues offenbart, und oft, sehr oft, sage ich: »Vater Himmel und Mutter Erde, wie wunderbar habt ihr die Welt erschaffen!« Manchmal scheint mir, dass mein Entzücken darüber belohnt wird durch immer noch schönere Momente und immer noch farbenfrohere Aussichten.

Hier am Lychensee kann ich gut beobachten, wie sich das Farbenspiel durch Sonne und Wolken ständig verändert, sodass ich immer wieder vollkommen fasziniert bin von den feinen Nuancen, die sich hier zeigen.

- Danke, dass ich das sehen kann!
- Danke, dass ich die Sonne und den Wind auf meiner Haut spüren kann!
- Danke, dass sich der Wind in meinem Haar verfängt!
- Danke!
- Wofür bist du dankbar in deinem Leben?
- Was hast du heute schon geschenkt bekommen?
- Siehst du die Geschenke des Lebens?
- Mit welcher Selbstverständlichkeit hast du heute Morgen warm geduscht?

Schlusswort

Wenn wir Ja! sagen und das Festhalten beziehungsweise Nein!-Sagen aufgeben, wird das unser Leben leichter machen. Wenn wir Ja! sagen können, machen wir uns die Kräfte, die da sind, zunutze. Wenn wir Ja! zu uns sagen, öffnen wir der Liebe für uns selbst die Tür, was uns ein Lächeln ins Gesicht zaubert, das uns auch auf andere anziehender wirken lässt. Auch unsere Mitmenschen können dann JA! zu uns sagen.

Ja! zum Leben zu sagen bedeutet, sich in den großen Strom des Seins, des universellen Bewusstseins zu begeben, zu erspüren und zu erfassen, was durch uns ins Leben will. Ja! bedeutet, eine instinktive Sicherheit für sich selbst, die eigenen Talente und Fähigkeiten zu bekommen und sie in den Lebensstrom einzuspeisen, uns selbst zu geben.

- Ja! bedeutet Hingabe an den Lebensstrom mit allem, was uns ausmacht.
- Ja! bedeutet, das Leben anzunehmen, mit all seinem Reichtum und seiner Fülle.
- Ja! ist der Urton der Schöpfung. In allem, was ist, schwingt das Ja!
- Ja! zum Leben!

Und es tut gut, Ja! zum Glück zu sagen, denn damit lade ich das Glück ein, immer wieder bei mir einzukehren.

Es ist immer da, und gleichzeitig erschaffe ich es mir. Auch dadurch, dass ich Ja! zum Glück sage und es nicht ablehne. Ja, ich habe Glück und sage ja dazu!!!

Wenn wir Ja! sagen und annehmen, was jetzt in diesem Augenblick ist, dann begreifen wir auch, dass wir immer alles bei uns haben, was wir benötigen. Dann sind wir in der Lage, aus ganzem Herzen zu genießen, was uns vom Leben, von der Existenz, von Gott in Hülle und Fülle gegeben wird.

Mach die Augen und die Ohren auf, und lass all das, was um dich herum ist, zu dir kommen. Erlebe JA! mit allen Sinnen, und komme so in deine Mitte.

Das ist der Moment, in dem du weißt: Alles ist gut!

Mein Dank!

Ich verdanke sehr vielen Menschen das gute Gelingen dieses Buches. Folgenden Menschen danke ich ganz besonders:

Meiner Mutter, die mir, als ich noch ein Kind war, häufig sagte: »Schreib ein Buch!« (Mama, das hast du jetzt davon.) Ihr und meinem Vater danke ich für das Leben, das sie mir geschenkt und für alles, was sie mir, gewollt und ungewollt, mit auf den Weg gegeben haben. Es hat mich in jeder Hinsicht bereichert und mir geholfen, die zu werden, die ich bin. Meiner Tochter Ayla danke ich besonders. Sie weiß noch nicht, wie sehr sie mich unterstützt hat. Meinen Geschwistern Berthold, Lisa und Christian danke ich, dass sie mich all die Jahre ertragen und getragen haben. Yorck, den ich zum richtigen Zeitpunkt kennenlernen durfte, war mir eine große Hilfe beim Überarbeiten. Igor, der mich immer wieder fragte, welche Fortschritte mein Buch macht (was ich manchmal unbequem fand), und der immer, wenn ich ihm etwas zu lesen gab, so positiv und unterstützend reagiert hat. Meinen Freundinnen Wiebke Böhmer und Heike Bruns danke ich für ihr liebevolles Korrekturlesen und ihre Freundschaft. Gerd Barnewitz und Cristina Biaggi-Barnewitz für die wunderbaren Gespräche und die Zeit auf dem Schlüßhof. Anja Curth für einen entscheidenden Impuls bei der Suche nach einem geeigneten Verlag. Ute Holcombe für »Walking in Your Shoes«, das sie für mich gemacht hat. Franz und Heidrun Kofler für ihre Liebe und Freundschaft und die stets sehr interessanten, aufschlussreichen und anregenden Diskussionen. Dank an Wiebke und Michael Böhmer, Petra Cieslewicz und Heinz Fricke, Matthias und Uta Brand, Thomas Lengenberg und Christiane Hannöver, Petra und Stefan Voss und Heike Behr, die mir häufiger, als sie wissen, in inneren Dialogen weitergeholfen haben und für die treue Freundschaft. Dank all meinen Klienten und Klientinnen, die mir ihr Vertrauen schenken und auf das Erscheinen dieses Buches warten. Dem Schirner Verlag, Heidi und Markus Schirner, Heike Wietelmann und ganz besonders Beate Christmann danke ich für die herzliche und professionelle Hilfe bei der Entstehung dieses Buches und für alles, was ich von ihnen lernen konnte. Mein ganz herzlicher Dank geht an die Bewegungwissenschaftler in Münster, deren Interesse mich in der Abschlussphase moralisch besonders unterstützt hat. An Gordon Stokes, den ich als wunderbaren Lehrer und Gründer von Three in One Concepts kennengelernt habe, sowie an Daniel Whiteside, ebenfalls Gründer von Three in One Concepts, ein Rebell und Forscher auf dem Gebiet Struktur, Funktion, Gehirn und emotionale Stresslösetechniken, sowie meine Three in One Concepts-Lehrerinnen Yamini Kölzer-Wilbers und Anveshi Doris Limberg. Dr. Charles Krebs, der mit seiner eigenen Lebensgeschichte Beweis dafür ist, dass alles, was wir uns vorstellen können, möglich ist, und das sogar wissenschaftlich bewiesen hat!

Ich danke Jesus Christus, Maria Mutter Gottes und Maria Magdalena – seitdem ich denken kann, sind diese biblischen Berühmtheiten in meinem Herzen und spielen eine wichtige Rolle in meinem Leben.

Übersicht der Übungen

Übung 1: Kontaktaufnahme

Spüre bewusst das Buch in deinen Händen, das du gerade liest. Sei dir der Umgebung bewusst, in der du sitzt, liegst oder dich räkelst. Nimm wahr, wer noch im Raum ist, spüre deinen Körper: Hast du Durst oder Hunger? Ist dir warm?

Atme bewusst tief durch die Nase ein, beobachte den Luftstrom der Atemluft, soweit es dir möglich ist. Halte für einen Moment die Luft an, dann atme langsam durch den Mund wieder aus, beobachte auch hier die Atemluft. Wiederhole das bewusste Atmen einige Male.

Wenn du auf deinen Atem achtest, kannst du nur im Jetzt sein. Jetzt in diesem einzigen aktuellen Moment, da du dich spüren kannst, könntest du glücklich sein. Bist du glücklich? Auf jeden Fall bist du jetzt mit dir verbunden, mit dir in Kontakt.

Übung 2: Ja! versus Nein!

Stelle dich einfach mit beiden Füßen fest auf den Boden, spüre für einen Moment deinen Körper, wie er sich gegenwärtig anfühlt, und wenn du alles wahrgenommen hast, sprich laut aus: »Ja!« Spüre, was dieses Ja! in deinem Körper auslöst. Probiere das Gleiche mit einem »Nein!«. Was stellst du fest?

Übung 3: Ja! sagen

Übe dich darin, zu dir und deinen Gedanken, Gefühlen und auch zu deinen Mitmenschen Ja! zu sagen. Mache es dir zur Gewohnheit, auch die Haltung deiner Mitmenschen zu bejahen. Du wirst erstaunt sein, wie das Ja! auf den anderen und auch auf dich wirkt. Ein Ja! ermöglicht es uns, uns zu öffnen, wenn wir zuvor verschlossen waren.

Beginne den Tag mit einem lauten, den Morgen begrüßenden Ja! Setze das Annehmen all dessen, was ist, fort, indem du in den Spiegel blickst und – egal wie du dir selbst entgegenschaust – Ja! zu dir sagst. Und: »Guten Morgen, du siehst gut aus!«

Setze den Tag so fort, und wenn du auf dem Weg zur Arbeit bist und dich in negativen Gedanken verlieren könntest, dann gib dir selbst eine Portion Ja! ein, durch Sprechen oder Singen oder was dir sonst einfällt. Ganz wie du magst!

Übung 4: Reise ins Ich

Wenn es dir schwerfällt, das in deinem Alltag zu tun, kann ich dir folgendes Vorgehen empfehlen. Ich habe es selbst ausprobiert.

Ziehe dir witterungsgemäße Kleidung an, packe deinen Rucksack, in dem du alles verstaust für die Zeit, die du dir jetzt zur Erkundung deiner selbst nehmen wirst – und dann mache dich auf, bepackt nur mit dem, was du wirklich brauchst (du wirst es bei dir tragen müssen). Mache dich auf den Weg zu dir selbst!

Auf dem Weg zu dir selbst gehst du allein. Du nimmst niemanden mit. Es kann sein, dass du auf deinem Weg Begleiter triffst. Lasse sie dich bereichern, und bereichere du sie. Du fragst dich, wie? Keine Sorge: Das wird automatisch geschehen.

Durch die körperliche Bewegung kann die geistige Ebene, dein Selbst zur Ruhe kommen. Über einen längeren Zeitraum zu wandern, wird dich auf den Grund deines Seins tauchen lassen. Und wenn du in dir schließlich Stille findest, ist das sehr bedeutungsvoll. Du wirst in Kontakt mit deinem Wesen kommen.

Übung 5: Umgang mit Emotionen

Versuche, deinen Gefühlen auf den Grund zu gehen. Frage dich: »Was fühle ich? Woher kenne ich das Gefühl? An was oder wen erinnert es mich?« Dann nimm das Gefühl an.

Eine kinesiologische Korrektur unterstützt diesen Prozess. Sie stammt aus dem Three in One Concepts-Kurs »Tools of the Trade« und heißt »Ich fühle/ich bin«. Ich habe sie als überaus wirkungsvolle und sehr effektive Stresslösetechnik kennengelernt. Bei mir und bei meinen Klienten. Bei ihr geht es um ein Halten der Stirn und des Hinterkopfes, um die Augenausrichtung und laut ausgesprochene Worte bzw. Sätze. Sie wird »Ich fühle/Ich bin« genannt und innerhalb kinesiologischer Sitzungen verwendet.

Schritt 1:

Stelle dich hin, und halte dir mit einer flachen Hand die Stirn, sodass die Stirnbeinhöcker (auch als positive Punkte bekannt) durch deine Hand berührt werden. Die andere Hand legst du auf die Wölbung deines Hinterkopfes.

Wenn die Stirn berührt wird – so können wir stark vereinfacht sagen –, wird durch die Wärme unserer Hand die Aufmerksamkeit auf einen Bereich unseres Gehirns

gelenkt, der für das bewusste assoziative Denken steht. In der einen Gehirnhälfte findet logisch-analytisches Denken statt, während auf der anderen Seite das kreativ-musische Denken erfolgt. Durch die warme Berührung lenken wir Aktivität aus dem hinteren Schläfenlappen und gleichzeitig aus den stressbeladenen Emotionen nach vorne, wo das bewusste Denken stattfindet. Wenn wir den Hinterkopfbereich halten, lenken wir durch die Wärme unserer Hand Energie in das visuelle Zentrum. So gelangt die Energie aus der Emotion heraus in einen Bereich, von wo aus wir klarer sehen.
Das Stirn-und-Hinterkopf-Halten hat überdies eine beruhigende Wirkung. Bei uns selbst und bei unseren Lieben, zum Beispiel Kinder, Partner, der Freundin etc.

Schritt 2 a:

Nun sprichst du einen Satz, beginnend mit »Ich fühle ...« laut aus, zum Beispiel »Ich fühle mich verlassen« oder »Ich fühle mich ängstlich«. Erlaube dir, das, was du sagst, wirklich zu fühlen. Atme tief. Wiederhole den Satz und die tiefe Atmung, während du nacheinander folgende Blickrichtungen einnimmst:

Schritt 2 b:

Deinen Kopf hältst du still. Fange an, deine Augen eine liegende Acht malen zu lassen. Dabei beginnst du in der Mitte und malst mit der Blickrichtung von dort nach oben rechts die erste Hälfte, dann geht dein Blick nach unten und wieder zurück in die Mitte. Von dort nach links oben einen Kreis ziehen und dann nach unten, um anschließend wieder in der Mitte anzukommen.

Dann stelle dir 9 Punkte vor:

. . .

. . .

. . .

und wandere sie mit deinen Augen ab: von der Mitte nach oben und dann weiter im Uhrzeigersinn. Lasse deine Augen kreisen, und achte dabei darauf, dass du sie weit dehnst. Anschließend rolle sie zurück – gegen den Uhrzeigersinn. Wenn du wieder in der Mitte angekommen bist, atme tief durch die Nase ein, löse deine Hände vom Kopf und atme durch den Mund aus. Jetzt hast du umfassend dein Gefühl anerkannt und angenommen.

Schritt 3:

Im nächsten Schritt kannst du nun bewusst in den gewünschten Geisteszustand gelangen. Stelle hierfür dem »Ich fühle …« ein »Ich bin …« gegenüber, das genau das ausdrückt, was du sein willst. Achte darauf, dass du eine eindeutig positive Formulierung wählst. Denn unser Unterbewusstsein kann kein Nein verwerten. Deshalb wirken Formulierungen wie »Ich bin nicht mehr ängstlich« nicht. Was bei deinem Unterbewusstsein ankommt, ist nur: »Ich bin … ängstlich.« Hier ist es von entscheidender Wichtigkeit, dass du stattdessen sagst: »Ich bin sicher«, oder: »Ich bin vertrauensvoll.«

Diesen Satz sprichst du nun laut aus und wiederholst ihn, während du gleichzeitig Stirn und Hinterkopf, wie oben beschrieben, hältst und mit den Augen eine Acht »malst« usw.

Übung 6: Dialog mit sich selbst

Um mit sich selbst in einen einfühlsamen inneren Dialog zu treten, ist es hilfreich, zur Ruhe zu kommen. Suche dir einen ruhigen Platz, an dem du allein sein kannst. Bringe dich durch einige tiefe Atemzüge ganz in Kontakt mit deinem Körper, komme in dir an. Identifiziere deine Gefühle: Woher kenne ich das? Woran erinnert mich das? Wenn wir mit solch einer Selbstreflexion beginnen, kommt meist rasch ein Bild oder eine Erinnerung daran, in welcher Situation wir früher schon einmal ähnlich gefühlt haben, in uns hoch. Auch hier gilt es nur Ja! zu sagen. »Ja, ich nehme dich an!«

Übung 7: Gegensätzliche Gefühle

Probiere es aus! Fasse das, was du fühlst, in Worte. Zum Beispiel:

»Ja, ich fühle mich zerrissen!«

Fühle es.
Atme tief.

Dann erforsche in dir, was diesem Emotionszustand als ersehnter Geisteszustand gegenübersteht. Sprich auch das laut aus: »Ich bin eins.«

Übung 8: Trost

Solltest du das Gefühl haben, Trost zu brauchen, kann es sein, dass es gar nicht dein jetziges Ich ist, das getröstet werden will. Oft ist es das innere Kind, das sich meldet. Frage dich deshalb, welcher Teil in dir Trost braucht. Ist es das innere Baby, das innere Mädchen, der innere Junge? Was auch immer es ist, frage es, was es sich wünscht. Zum Beispiel:

- in den Arm genommen zu werden,
- an der Hand gehalten zu werden oder
- umarmt zu werden.

Eine tröstende und unterstützende Geste kann auch hier das aus der Kinesiologie bekannte Stirn- und Hinterkopf-Halten sein.

Übung 9: Affirmationen

Im neunten Kapitel des *Master Key System* von Charles F. Haanel wird die Geschichte von dem Jungen Frederick Andrews erzählt, den die Ärzte wegen seiner Verkrüppelung aufgegeben hatten. Dieser Junge jedoch will, trotz aller negativen ärztlichen Prognosen, leben, gesund und ganz sein. Er formuliert sich folgenden Satz: »Ich bin ganz, perfekt, stark, mächtig, liebevoll, harmonisch und glücklich«, und betet, spricht diesen Satz täglich tausendfach, immer und immer wieder.

Der Junge wuchs zu einem Mann heran, gesund, kraftvoll und erfolgreich. Diese Affirmation kann auch dich bereichern, deshalb erzähle ich davon.

Diesen kraftvollen Satz habe ich mit meinen Kinder-Mentaltrainingsgruppen gesprochen und gesungen, eingeübt, besprochen, habe mit ihnen herausgefunden, was er bedeutet, ihn gemalt und mit Gesten ausgedrückt. Der Satz wurde eine lebendige, dynamische, farbenfrohe Gestalt, die wir einladen konnten, unser Leben zu bereichern.

Sag auch du diesen Satz einmal laut, wiederhole ihn einige Male, und spüre, wie sich diese Wahrheit in deinem Körper ausbreitet. Nun stelle dir vor, was passiert, wenn du diesen Satz mit deiner Familie täglich aussprichst – immer wieder – und ihn weitergibst, anderen Menschen sagst. Und vielleicht erfindest du eine Melodie, mit der sich diese Affirmation singen lässt. Probiere es aus!

Viel Freude!

Übung 10: Stärke dein Kind

Stell dir vor, wie du zu deinem Kind sagst: »Du bist ganz, perfekt, stark, mächtig, liebevoll, harmonisch und glücklich!« Sag den Satz laut, wiederhole ihn einige Male, und spüre, wie sich diese Wahrheit in deinem Körper ausbreitet. Nun stell dir vor, was passiert, wenn du diesen Satz in Bezug auf deine Familie täglich aussprichst. Immer wieder!

Übung 11: Ja! klopfen

Wenn deine Liebe zu deinem Körper wächst und gedeiht, du ihn als deinen ureigenen Tempel annehmen kannst, wird es dir leichtfallen, deinen Körper mit vielen Ja!s zu versehen. Wandere mit deinen flachen Händen über deinen Körper, und klopfe sinnbildlich das Ja! ein. Sage Ja! zu deinem Körper. Klopfe und streiche das Ja!, das Annehmen, in deinen ganzen Körper, sprich oder singe das Ja! laut aus. Beginne mit dem Klopfen an den Achselhöhlen, klopfe die Innenseite deiner Arme hinunter bis zu den Händen, wechsele dann zur Außenseite deiner Hände und Arme, und klopfe hinauf bis zu den Schultern. Dann wechsele die Seiten, und wenn du bei den Schultern angekommen bist, klopfe sanft dein Gesicht, deinen Kopf, deinen Nacken, über Brust und Bauch, Hüften und Rücken, dein Gesäß, die Rückseite der Beine entlang bis zu den Füßen und die Vorderseite wieder herauf.

Und da, wo du Ja! sagst und noch Nein empfindest, sei besonders liebevoll zu deinem Körper. Diese Stelle braucht dann einfach ein bisschen mehr Aufmerksamkeit. Wenn du spürst, dass dir diese Übung guttut und dass sie dich energetisiert, dann mache sie täglich.

Übung 12: Leite deine Energie

Wenn du bestimmte Körperstellen besonders wahrnimmst – das muss nicht zwangsläufig durch Schmerz sein –, dann lege deine Hand oder beide Hände darauf, und nimm Kontakt mit dieser Stelle auf. Höre hin, und spüre, was sich an dieser Stelle durch deine Aufmerksamkeit verändert. Nimm dir Zeit dafür, begib dich gedanklich an einen Ort, der dir behagt, und sei mit deiner Aufmerksamkeit ganz bei dir und deinem Körper.

Lasse deine Hände in einer inneren liebevollen Haltung dir selbst gegenüber auf dieser Stelle ruhen, und spüre dort hinein. Es kann sein, dass du nach einer Weile ein leichtes Pulsieren spürst – das ist die Energie, die du an dieser Stelle in Bewegung bringst.

Übung 13: Ja! singen

Vielleicht erlaubst du dir, eine eigene Melodie zu finden, die dein Ja! singbar macht, erschaffe eine Melodie, die das Ja! trägt, vielleicht singst du es in anderen Sprachen. Mit deiner Stimme transportierst du das Ja!. Sag Ja! zu deiner Stimme, nimm deine Stimme an, als Ausdruck deiner gesprochenen Worte, als Ausdruck deines Selbst.

Übung 14: Visualisiere mit allen Sinnen

Mache dir ein Bild von dem, was du wirklich willst, füge so viele Details wie möglich hinzu: Welche Kleidung tragen du und die anderen Beteiligten? Wo bist du? Dann spüre die Gefühle, die dieses Bild in dir verursacht. Setze so viele Sinne wie möglich ein: Was siehst du? Was fühlst du auf deiner Haut? Wie riecht es? Was fühlst du im Herzen? Was schmeckst du?

Übung 15: Ärger abbauen

Unsere Augen sind sehr beweglich und liegen nah an unserem Gehirn. Aus dem NLP und der Kinesiologie wissen wir um die Auswirkungen der einzelnen Blickrichtungen sowie um die von Stressladungen. In einem Seminar mit Daniel Whiteside, Mitgründer von Three in One Concepts, erfuhren wir von ihm Folgendes:

Immer wenn wir uns geärgert oder irgendwie gestresst fühlen, können wir, um aus diesem beschränkenden Gefühl herauszukommen, mit aller Aufmerksamkeit ausschließlich durch unser linkes Auge schauen. Dadurch mobilisieren wir Aktivität in unserer rechten Gehirnhälfte und entziehen so dem Ärger die Energie. Wir ziehen den »Ärgerstecker« und kommen in den Zustand des zeitlosen Gewahrseins. Zeitloses Gewahrsein bedeutet, dass wir uns augenblicklich anschließen an eine Wahrnehmung, die jenseits von logischer Zeitenfolge oder analytischen Begrifflichkeiten liegt. Sie umfasst das Bewusstsein, mit allem verbunden zu sein, eins zu sein und in Einklang mit sich und dem Leben zu sein.

Einmal in diesem geistigen Zustand angekommen, gelangen wir wieder in das Bewusstsein, dass wir jederzeit eine Wahl haben, so mit den Situationen umzugehen, wie wir wollen. Darüber hinaus wird das Ärgergefühl relativiert, und wir können leichter mit der Situation umgehen. Wir befreien uns sozusagen aus der emotionalen Ladung und nehmen wieder den uns angestammten Platz ein. Nicht die Emotionen bemächtigen sich unser, sondern wir sind fähig, mit unseren Emotionen umzugehen.

Wenn wir noch einen Schritt weiter gehen wollen, können wir aus diesem Zustand des zeitlosen Gewahrseins heraus nun unsere vorangegangene Emotion betrachten.[9]

Übung 16: Stell dich deiner Angst

Lass dich einladen, deine Sorgen oder Ängste vor dem Tod anzunehmen. Schieb sie nicht fort! Vielleicht beginnst du sogar ein Gespräch mit ihnen und schilderst ihnen deine Bedenken. Dann erlaube dir, zuzuhören, was sie dir zu sagen haben. Es kann sein, dass du etwas erfährst, was deine Furcht vor dem Tod wandeln wird.

---

[9] Bitte beachte, dass alles, was hier beschrieben ist, meine persönlichen Erfahrungen wiedergibt und nicht wissenschaftlich erforscht ist.

Verwendete Literatur

Haanel, Charles F.: *Das Master Key System*. Unterwössen 2007.

Haddon, Mark: *Der wunde Punkt*. Köln 2007. (Hörbuch)

Stokes, Gordon/Whiteside, Daniel: *Tools of the trade*. Kirchzarten 2001. (Workshop Skript)

Tolle, Eckhart: *Jetzt! Die Kraft der Gegenwart*. Bielefeld 2003. (Hörbuch)

Literaturempfehlungen

Coelho, Paulo: *Auf dem Jakobsweg: Tagebuch einer Pilgerreise nach Santiago de Compostela*. Zürich 2007.

Egli, René: *Das LOL²A-Prinzip, Teil 1: Die Vollkommenheit der Welt*. Oetwil 1999.

Gawain, Shakti: *Reflexionen im Licht: Affirmationen für jeden Tag*. München 2005.

Grün, Anselm/Burggrabe, Helge: *Zeiten der Stille*. München 2006.

Hartmann, Silvia: *EmoTrance. Wie Sie belastende Emotionen in befreiende Energie umwandeln*. Kirchzarten 2004.

Neuhauser, Johannes (Hg.): *Wie Liebe gelingt. Die Paartherapie Bert Hellingers*. Heidelberg 2004.

Roads, Michael: *Der Junge ohne Schatten*. München 2004.

Ruiz, Miguel: *Die vier Versprechen, Ein Weg zur Freiheit und Würde des Menschen*. Berlin 2006.

Schlieske, Ingrid: *Japanisches Heilströmen. Altes Volkswissen zur Selbsthilfe*. Reinbek 2006.

Spezzano, Charles u. Lency: *Beziehungskunst, Führungskunst, Spiritualität. Die überraschenden Prinzipien von Psychologie der Vision*.München 2003.

Verny, Thomas/Kelly, John: *Das Seelenleben des Ungeborenen. Wie Mütter und Väter schon vor der Geburt Persönlichkeit und Glück ihres Kindes fördern können*. Berlin 1981.

Zurhorst, Eva-Maria: *Liebe dich selbst – und es ist egal, wen du heiratest*. München 2007.

Anne Dalhaus ist Familiencoach mit den Schwerpunkten Kinesiologie, Emotional Coaching, Mentaltraining und Persönlichkeitscoaching. Außerdem ist sie Mitgründerin eines Netzwerks, das sich zusammengetan hat, um Menschen bestmöglich zu begleiten – körperlich, geistig und seelisch.

Seit November 2002 finden unterschiedliche Seminare auf Hof Dalhaus statt. Aus den Zimmern sind entzückende Appartements, aus der alten Tenne und dem Kälberstall lichtdurchflutete Seminarräume entstanden, die von Veranstaltern gebucht werden können.

Ab 2010 wird eine Workshopreihe zum Thema Annahme und Ja! angeboten.

Weitere Informationen finden Sie unter:

www.familiencoaching.eu
www.netzwerk-hof-dalhaus.de
www.hof-dalhaus.de